司書教諭の実務マニュアル
シオヤ先生の

塩谷　京子　著

はじめに

　本書は，はじめて司書教諭の仕事をする教員，司書教諭の仕事をもう少し詳しく知りたい教員，これから司書教諭の仕事をしたいと考えている教員・学生，そして，一緒に仕事をする司書教諭の仕事を知りたい学校司書を対象としています。
　そして，司書教諭の仕事の全体像を知りたい
　　　　　１年間仕事をするための基本的な知識を身につけたい
　　　　　１年間どのような見通しをもって仕事をするのかを知りたい
　　　　　今の学校図書館をどのように整備したらいいのかを知りたい
　　　　　子供に身につけさせたい基本的な情報活用スキルを知りたい
という要望に答えることを趣旨としています。

　司書教諭については，学校図書館法に以下のように規定されています。

　　第五条　学校には，学校図書館の専門的職務を掌らせるため，司書教諭を置かなければならない。
　　２　前項の司書教諭は，主幹教諭（養護又は栄養の指導及び管理をつかさどる主幹教諭を除く。），指導教諭又は教諭（以下この項において「主幹教諭等」という。）教諭をもつて充てる。この場合において，当該主幹教諭等は，司書教諭の講習を修了した者でなければならない。

　司書教諭の資格を取得するためには，司書教諭講習科目（以下の５科目10単位）を修得する必要があります。
　　学校経営と学校図書館　２単位
　　学校図書館のメディアの構成　２単位

学習指導と学校図書館　２単位
　読書と豊かな人間性　２単位
　情報メディアの活用　２単位

　司書教諭の資格は，上記の司書教諭講習科目が受講できる大学（もしくは短期大学）にて，取得することができます。また，教員免許取得後，大学などの所定の機関で開催される司書教諭講習を修了すると付与されます。文部科学省が交付する「司書教諭資格講習修了証書」が５科目10単位を修得した証明書となります。再発行は可能ですが，きちんと保管しておくようにします。

　教員免許状を取得し，教諭として採用された上で，司書教諭資格をもつ教員として働きます。教員は学校において授業を担当することに加え，校務分掌といって，学校内で役割分担した職務を担います。司書教諭は，取得した資格に関する役割を担いますが，司書教諭資格をもっているからといって，校内で司書教諭として仕事をするとは限りません。他の役割を担うときもあります。
　学校では年度始めの職員会議で，校務分掌が発表されます。校内に司書教諭資格をもっている教員が複数いた場合は，その中から適任者を校長が選び，その教員を司書教諭とします。

　本書は，４章構成です。
　１章では，
「司書教諭の仕事12か月―見通しをもって取り組むために―」と題して，司書教諭が１年間の見通しをもって仕事ができるように，時系列に沿ってに仕事内容を整理しました。司書教諭は全校の教員と子供のため，職員会議や打ち合わせで提案をする機会が多くあります。提案を計画的に行えるように，必要な資料を添付しました。

2章では，
「学校図書館の環境整備―情報収集しやすい図書館をつくるために―」と題して，授業で活用できる学校図書館をつくるための基本的な知識を，子供に育成したい情報活用スキルと学校図書館の環境整備の両面から整理をしました。情報活用スキルについては，「課題の設定」「情報の収集」「整理・分析」「まとめ・表現」の各探究の過程のうち，紙面の都合上「情報の収集」の過程において必要なスキルを選びました。他の過程のスキルを知りたい場合は，参考文献を参照してください。

　3章では，
「読書の場としての図書館づくり―読書活動の充実のために―」と題して，読書を楽しんだり，読書を通して見方・考え方を広げたり深めたりするための基本的な知識を，読書活動の事例と学校図書館の環境整備の両面から整理をしました。

　4章では，
「知っておくと便利なあれこれ」と題して，学校図書館に関する情報提供のコーナーとしました。

　本書の特徴は，
　まず，2ページ開きで完結していることです。忙しい時でも必要な情報を容易に得ることができるような紙面構成としました。
　次に，各2ページのはじめは，司書教諭の仕事に取り組む「あき先生」の悩みや疑問に，「シオヤ先生」が答えるという問答形式になっています。「あき先生」は，初めて司書教諭の仕事をする教員です。「あき先生」の言葉に，筆者が出合ってきたQ&Aを可能な限り埋め込みました。

これから司書教諭を目指す皆様，そして学校司書の皆様には，司書教諭の職務の全体像を描けるように，また，司書教諭として職務を遂行している先生方には，進捗状況に合わせて本書を活用していただけたら幸いです。

　最後になりましたが，本書を作成するにあたり，大阪府豊中市立中豊島小学校の校長・舟岡直子先生，司書教諭・川畑存映先生，静岡県沼津市立静浦小中一貫学校の司書教諭・小谷田照代先生にご協力をいただきました。また，明治図書出版の茅野現様には，企画の段階から大変お世話になりました。心よりお礼申し上げます。

平成29年2月1日　塩谷京子

目次

はじめに

1章 司書教諭の仕事12か月
―見通しをもって取り組むために―

1	4月	司書教諭の仕事	10
2	4月	前任者からの引き継ぎ	12
3	4月	学校図書館部からの全体計画の提案	14
4	4月	学校図書館オリエンテーションの準備（1）	18
5	4月	学校図書館オリエンテーションの準備（2）	20
6	4月	新年度用に学校図書館を整備	22
7	4月	授業での図書館利用の記録	24
8	4月	委員会活動スタート	28
9	5月	図書の購入の準備	30
10	5月	春の図書館だより発行	32
11	6月	梅雨の時期の図書館行事	34
12	7月	夏休みの貸し出し準備	36
13	8月	夏休みを利用した図書館整備	38
14	8月	9月10月に向けての提案準備	40
15	10月	読書の秋の図書館行事	42
16	11月	秋の図書館だより発行	44
17	12月	冬休みの貸し出し準備	46
18	1月	お正月の雰囲気づくり	48

19	2月　卒業生への餞（はなむけ）……………………………	50
20	3月　1年間のまとめ…………………………………………	52

2章 学校図書館の環境整備
―情報収集しやすい図書館をつくるために―

1	本を探すための手がかりを学ぶ（1）図書館の地図・サイン	56
2	本を探すための手がかりを学ぶ（2）図書館の本の分類……	58
3	本を探すための手がかりを学ぶ（3）請求記号……………	60
4	必要な情報の見つけ方を学ぶ（1）目次・索引……………	62
5	必要な情報の見つけ方を学ぶ（2）百科事典………………	64
6	必要な情報の見つけ方を学ぶ（3）年鑑……………………	66
7	必要な情報を自分の手元におく方法を学ぶ（1）	
	初期指導用情報カード………………………………………	68
8	必要な情報を自分の手元におく方法を学ぶ（2）情報カード	70
9	授業と図書館をつなぐ（1）授業ができる環境づくり………	72
10	授業と図書館をつなぐ（2）授業を助ける道具や教材の用意	74
11	授業と図書館をつなぐ（3）シンキングツールの常備………	76
12	授業と図書館をつなぐ（4）ファイル資料で情報提供………	78
13	授業と図書館をつなぐ（5）新しい情報の提供……………	80

3章 読書の場としての図書館づくり
―読書活動の充実のために―

1	学習指導要領における読書の位置づけ……………………	84

2 授業時間における読書と司書教諭はどう関わるのか（1）
　国語……………………………………………………………… 88
3 授業時間における読書と司書教諭はどう関わるのか（2）
　各教科等………………………………………………………… 90
4 朝読書の時間における読書と司書教諭はどう関わるのか…… 92
5 子供の自由時間における読書と司書教諭はどう関わるのか… 94
6 並行読書の充実（1）まずは，読み聞かせから……………… 96
7 並行読書の充実（2）絵本を使ったお話動物園……………… 98
8 並行読書の充実（3）登場人物図鑑…………………………… 100
9 並行読書の充実（4）アニマシオン…………………………… 102
10 並行読書の充実（5）リテラチャーサークル………………… 104
11 並行読書の充実（6）教師が行うブックトーク……………… 106
12 並行読書の充実（7）子供が行うブックトーク……………… 108
13 並行読書の充実（8）ビブリオバトル………………………… 110

4章 知っておくと便利なあれこれ

1 司書教諭と学校司書の役割分担………………………………… 114
2 日本十進分類表…………………………………………………… 117
3 学校図書館法……………………………………………………… 119
4 学校図書館図書廃棄規準………………………………………… 123

参考文献
索引

司書教諭の仕事 12か月
―見通しをもって取り組むために―

　司書教諭の仕事の対象は，全教職員，そして全校の子供たちです。全校を視野に入れ，学校図書館の活用を推進していくためには，職員会議や打ち合わせでの提案が欠かせません。
　司書教諭として，先を見て提案したり，準備をしたりしたいですね。では，月別に，どんな仕事をしていくのか，一緒に，見ていきましょう。

4月
司書教諭の仕事

今年の仕事は司書教諭。司書教諭と言えば学校図書館。学校図書館と言えば読書。ということは，読書ができる子供を育てるのが仕事ですか？

ちょっと待って！
学校図書館＝読書ではありませんよ。

学校図書館を活用するとはどういうことか？

　学校図書館や学校図書館資料を活用した授業が行われるように，マネージメントする（経営する）ことは，司書教諭の大切な仕事です。学校図書館を活用するとはどういうことかを，次の3つにわけてイメージしてみましょう。

① 読書をする
② 情報・資料を利用する
③ 情報リテラシーと読書力を培う

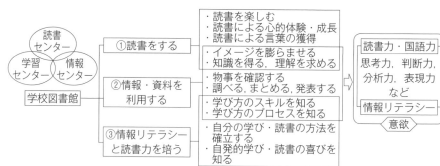

出所：堀川・塩谷（2016）『改訂新版学習指導と学校図書館』放送大学教育振興会 p.23

図書館をざっと見渡してチェック！

　あなたの学校の図書館は，授業で使いやすいように整備されていますか。下記をチェックしてみましょう。

- ☐ 図書館のエントランス（入口）に，入りたくなるような工夫がある。
- ☐ １クラスの子供が学習できる机と椅子がある。
- ☐ どこにどんな種類の本があるかわかるように，分類番号の表示がある。
- ☐ 百科事典，図鑑，年鑑など，調べるための本がある。
- ☐ 新聞，雑誌など，新しい情報を得るメディアがある。
- ☐ 地域のことや新しい情報を調べるためのファイル資料（パンフレットやリーフレットなどをまとめたもの）が整備されている。
- ☐ 学習に関係のある掲示物や展示物がある。
- ☐ 調べるときに使う情報カード，シンキングツールなどが置いてある。
- ☐ 授業で使うためのICT機器，例えば，電子黒板，実物投影機（教材提示装置）などがある。
- ☐ 図書館の中でインターネット検索ができる。もしくは、図書館の近くにコンピュータ室がある。

チェックが多いほど，①「読書をする」だけでなく，②「情報・資料を利用する」や③「情報リテラシーと読書力を培う」にも対応している図書館です。

うちの図書館は，チェックが３つしかありません！！
どうしよう。何から手をつければいいのですか？

　さて，図書館をざっと見渡した印象はいかがでしたか。自分の学校の図書館はチェックが少ないと思われた方，本書はあなたのためにあります。本書に出てくる「あき先生」と一緒に司書教諭としての力をつけていきましょう。

4月
前任者からの引き継ぎ

学校図書館を授業で使えるように整備したくなってきました。でも，何から手をつけたらいいのですか？

あわてないで！！ 学校は組織で動いています。前年度の司書教諭が文書を残しているはずです。まずは，文書を探してみましょう。

司書教諭の役割は？

　司書教諭というと学校図書館の整備をイメージしやすいのですが，主な役割は，**計画立案**と**授業支援**です。

　計画立案というと難しく聞こえるものの，具体的には校内の教職員に学校図書館の経営方針（目標や手立て）と，年間計画（いつ頃どのように図書館を使うのか）を示すことです。多くの学校の場合，前任の司書教諭が作成してありますので，まずはそれを引き継ぎます。

　授業支援については，教員経験年数によりできることに差異がありますが，基本的には，学校図書館を活用（①読書をする，②情報・資料を利用する，③情報リテラシーと読書力を培う）できるように教員と子供を支援することです（p.10参照）。

　このように，計画立案と授業支援が主な役割だからこそ，組織がスタートするこの時期は，前年度からの引き継ぎと本年度の提案が司書教諭の最も重要な仕事となります。

引き継ぎで確認したいことは？

　学校の組織の一つである学校図書館部（委員会という場合もある）の経営は，前任者からの引き継ぎ文書（データの場合はフォルダ）に目を通すことから始めます。文書の数が多いので，以下の5点を重点的に確認します。

① 学校図書館に関わる**人**を把握します。
　学校司書，図書館ボランティア，校内の図書館部の教員，図書館行事に携わる外部人材など。

② 前年度の学校図書館部の**全体計画**をもとに，目標や手立てなどを確認します。
　＊文書がない場合は作成します。

③ 前年度の**成果と課題**が残されている場合は，前年度の教員の総意としてしっかりと引き継ぎます。

④ 前年度の学校図書館の活用についての**年間計画**を確認します。年間計画があると，どの学年がどの時期にどのように学校図書館を活用するのかがわかります。また，図書館資料を揃えるときにも，年間計画を参照できます。
　＊年間計画がない場合はあわてて作成せず，本年度に実施した活用を集めて，年度末に作成するようにします（p.24 − 25参照）。

⑤ 前年度の主な**図書館行事**を把握します。
　特に全校を対象とした行事は，職員会議や打ち合わせ等で司書教諭が提案をする必要があります。必ず年度当初に確認しておきます。

> 文書がない時は，次の順で前年度のことを聞ける人を探します。
> ・前年度の司書教諭
> ・教務主任や教頭
> ・学校司書

　学校図書館部が学校の組織の中で機能するためにも，次の司書教諭へ渡す引き継ぎ文書は，必要な情報を容易に得られるように作成しておきます。

4月
学校図書館部からの全体計画の提案

うちの学校には，全体計画がありません。作成しようと思うのですが，どんなことを書いたらいいのかがわからなくて，困っています。

そういうときは，見本が役立ちます。
2通りの見本を紹介しましょう。

全体計画の作成の仕方

　全体計画は，学校図書館の活用を通してどういう子供を育てていくのか，そのための目標は何か，どのような手立てを用意しているのかなどを公に示したものです。

　前任者が作成している場合は，学校図書館の部会を開いて修正点などを確認します。作成されていない場合は，作成することをお勧めします。学校で形式が決まっている場合は，そのフォーマットを使用します。特に決まっていない場合は，次ページの見本を参考にしてください。

　全体計画では，学校教育目標を実現するための学校図書館部の目標を示すことが最も重要です。また，そのための学年別の目標や，手立て，主な図書館行事などを入れる場合もあります。全体計画ですから，学期の終了時にどこまでできたのかを確認し，次の学期に行うことを確認します。

全体計画案　見本1（出所：静岡県沼津市立静浦小中一貫学校）

平成28年度学校図書館全体計画

学校教育目標
大きな志を抱き
挑戦し続ける人作り

学校図書館は、教育課程の展開に寄与するとともに、児童・生徒の健全な教養を育成することを目的とする。

本好きな児童・生徒もいるが、不読者も一定数あり、家庭で読書する習慣が定着していない。

学校図書館の目標
- 学校図書館を計画的に利用しその機能の活用を図る。
- 目標をもって読書し、日常的に読書に親しむと共に、児童・生徒の主体的、意欲的な学習活動を充実し、生涯学習の基礎を培う。

ねらい
① 児童・生徒の読書意欲を盛んにし、豊かな心情と幅広い知識を身に付けさせる。
② 学び方指導を充実し、図書館活用の望ましい態度や技術を高める。
③ 多様な資料から目的に応じた情報を選び、課題解決を図りながら情報活用能力を育成する。

指導の重点
① 教育活動全体を通して、計画的な読書活動と学校図書館の活用を推進する。
② 学校図書館を活用した教科などの学習の充実と情報活用能力の育成を図る。
③ 司書教諭と学校司書、担任との連携を図り、学校図書教育を推進する。

各学年の重点目標（◇読書・□学校図書館を活用した学習）

学年	目標	学年	目標	学年	目標
第一・二学年	◇楽しんで読書しようとする態度を育てる。 □図書館の本を利用して調べる。	第五・六学年	◇読書を通して考えを広げたり深めたりしようとする態度を育てる。 □学び方を身に付け、課題解決能力を高める。	中学二学年	◇読書を生活に役立てようとする態度を育てる。 □各教科、総合的な学習の時間で課題解決能力を高める。
第三・四学年	◇幅広く読書しようとする態度を育てる。 □進んで図書館の本を利用して調べようとする。	中学一学年	◇読書を通してものの見方や考え方を広げようとする態度を育てる。 □各教科、総合的な学習の時間で課題解決能力を高める。	中学三学年	◇読書を通して自己を向上させようとする態度を育てる。 □各教科、総合的な学習の時間で課題解決能力を高める。

具体的な取り組み

【各教科】
○図書館機能を活用し、課題解決学習や調べ学習や個別やグループ学習の場とする。
○情報の収集や処理の情報活用能力を養う。
○読書指導を行い、読書習慣や態度を養う。

【読書活動】
○「朝読書の時間」「読書交流月間（ビブリオバトル）」などの設定による読書の推進や習慣化を図る。
○家庭での読書習慣をつけるために、週末を「親子読書の日」とし、記録を付ける。
○読解の時間、読み聞かせやブックトーク、図書館の掲示などによる意欲の向上を図る。

【総合的な学習の時間・読解の時間】
○学び方や考え方を身に付けさせる。
○課題解決や探究活動へ主体的に取り組ませる。
○系統的に情報活用能力を育成するために、年間計画立案シートを作成し実践する。

【特別活動】
○図書委員会を中心に、自発的・自治的に図書館を運営し、読書活動推進を展開する。
○特別活動の中で、積極的に図書館を活用する。

【道徳】
○図書資料を活用し、様々な生き方や考え方に接する中で、自分を深め、道徳的な心情を培う。

【家庭・地域との連携】
○図書館便りなどを通して、読書の推進を図る。
○図書ボランティア（読み聞かせ・図書整備）との連携を図る。

読書交流の推進 （読書生活デザインノートの指導）	図書館を使った授業の充実 （授業公開・探求学習のプロセス）	図書環境の整備 （授業に使う本の計画的な購入）

全体計画案　見本２（出所：大阪府豊中市立中豊島小学校）

図書館教育全体計画（案）

2016年４月
文化・儀式（図書）

『学校図書館法　第２条』

学校図書館とは「図書，視聴聴覚教育の資料その他学校教育に必要な資料を収集し，整理し，及び保存し，これを児童又は生徒及び教員の利用に供することによって，<u>学校の教育課程の展開に寄与する</u>とともに，児童又は生徒の健全な教養を育成することを目的として設けられる学校の設備」をいう。

昭和28年８月８日　法律第185号制定
平成19年６月27日改正　法律96号

１．重点目標「ふだん使いの学校図書館」
　① 読書を楽しむ気持ちを育て，読書の習慣を身につける。
　② 本を大切に扱い，学校図書館の利用の仕方を身につける。
　③ 学校図書館の利用を通して必要な情報を収集し，有効に活用する力を身につける。

２．学年目標

	読書指導	利用指導
低学年	・お話を楽しんで聞く姿勢を育てる。 ・自分の好きな絵本や読み物を探し，読むことができる。 ・物語の興味をもったところを紹介し合えるようにする。	・図書館のルールを知る。 ・目次の使い方や本の見方，使い方を知る。 ・いろいろな本があることを知る。
中学年	・いろいろな読み物に興味をもち，集中して読む力を育てる。 ・読み取ったり，感じたりしたことを発表し合えるようにする。	・疑問をもったときに図書館に行って，調べる習慣をつける。 〈３年〉・図鑑（目次や索引） 　　　　・国語辞典 　　　　・百科事典の使い方を知る 〈４年〉・漢字辞典の使い方を知る 　　　　・いろいろな資料に触れる ・資料活用のため奥付や引用について学ぶ。 ・NDC（日本十進分類法）を知る。
高学年	・目的をもって本を選び，読む力を育てる。 ・どのように読んだのか，考えを発表し合えるようにする。	・資料を有効に活用できるようにする。 ・著作権について学ぶ。 ・NDC（日本十進分類法）を知り，活用する。

3．年間利用計画

1学期	4月	蔵書点検　図書館整備　利用計画（案）作成　開館準備　開館開始※（4/11〜）　教職員オリエンテーション（4/15）　図書館だよりの発行（定期的）　図書購入希望調査（随時） 貸出開始（4/18〜第1回"図書館の時間"後）※1年生は5月から
	6月	プチトマトさんお話会
	7月	夏休み長期貸出し…通常貸出冊数＋1冊 夏休み開館　7月下旬（プール開放に合わせて） 教職員によるお話会　　職員研修
2学期	10月	読書月間※
	12月	11月〜12月上旬：プチトマトさんお話会（1〜4年） 冬休み長期貸出し…通常貸出冊数＋1冊
3学期	1月	1月下旬〜2月下旬：プチトマトさんお話会
	3月	春休み閉館　　貸出なし（来年度の貸出し準備や図書館整理のため）

4．具体的な取り組み
《読書指導》
〈通年〉
○朝の読書タイム（8：30〜8：45）　毎週水曜日
全校一斉で取り組む（学年・実態に応じて読み聞かせ，一人読みなど）
○時間割に週1回の「図書館の時間」（国語）を入れる（調べ学習も含む）
○プチトマトさんお話会…1〜3年は学期に1回，4〜6年は相談して回数を決める。随時相談提案 "プチトマト"（保護者や地域の方の読み聞かせグループ）の協力を得て，原則各クラスの図書館の時間に行う。（パネルシアター・エプロンシアター・ストーリーテリング・ブックトーク等）
〈コンクールなど〉
○読書ノート（6月スタート）※4月末に申し込み・抽選
○オーサー・ビジット（5月）
○本の帯，読書感想文（7月）
○夏休み…図書館開放，教職員によるお話会
〈集中取り組み期間〉
○秋の読書月間（10月）
※担任交換読み聞かせや本の紹介などの企画を入れていく。（具体的な提案は2学期始め）
・10月の参観・懇談では，読書に関連した作品を廊下に掲示する。(2015年度は，7月に作成した本の帯)
・図書委員会も同時に活動を企画して取り組む。
《調べ学習，利用指導》
○年間指導計画に基づいて，総合的な学習の時間や教科の取り組みと連動して進められるようにする。※部会で授業での活用について実践交流・研究を進める。

4月
学校図書館オリエンテーションの準備（1）

目標に向けて日々の業務があることを意識することが，司書教諭の仕事のスタートなのですね。つい目の前のことに気を奪われがちですが，司書教諭の仕事が校内の教職員と子供に向けてあることを自覚しました。しっかりと，提案していきます！
目標に向けての第一歩は，年度始めの図書館オープンです。
短い春休み，どんな準備をしたらいいのでしょうか。

図書館のオリエンテーションは，全校の教職員と子供に関係します。全校に関係することは，職員会議や打ち合わせで提案するようにします。

オリエンテーションの提案のために

●スケジールの立案
・いつだれが，どの授業時間を使ってオリエンテーションを行うのかを，教務主任や学年主任と相談して決めます。
・学級活動や国語科の授業時間がよく使われます。

●オリエンテーションの内容
・図書館を使う**約束**の確認と，これから図書館に来たくなる**活動**を組み合わせた時間とします。
・司書教諭が一人ですべての学級のオリエンテーションができない場合は，学校司書や学年の図書館部員に行ってもらいます。

●その他
・学校図書館の約束は明文化し，教職員に配布し説明しておきます。
・約束は，説明後，子供の目につくところに掲示します。

図書館のきまり

静浦小中一貫学校

★　貸出時間
・毎日　朝読書の前と昼休み。
・20分休みは，図書委員会がいないので，4年生の日直が担当します。

★　本の貸し出しについて
1　本を借りる時
・　1回に5冊　1週間以内
　　（長期休みは，その期間中借りられます。）
・　初志部（1年〜4年）は，個人貸し出しカードを持ってきます。
・　5年生以上は，借りる時に「学年・番号・名前」を言って下さい。
・　2冊以上借りる時は，バーコードを揃えて下さい。
・　〈禁帯出〉の赤いラベルの本は，借りられません。

2　本を返す時
・　返却手続きをしたら，自分で正しい場所に返します。
　　（本についている番号を見ます。）　→

913
ア
1

★　朝読書
・時間　　朝会，集会（火曜日）以外の毎日　8時〜8時10分。
　　　　　5分前には着席して，読み始めます。
・場所　　1年〜8年は，週に1度　図書館で朝読書をします。
・読む本　学校図書館から借りた本。
・記録　　毎日の記録を記録カードに記入し，チェックを図書委員会が行います。読み終わったら，読書ノートに記入します。

	月	火	水	木	金
2階	1年	朝会	3年	5年	7年
3階	2年	朝会	4年	6年	8年

※　9年生は，朝会・集会のない火曜日に行います。
※　読書ノートを図書館での朝読書後に提出します。

学校図書館の約束の職員会議での提案文書

5 4月 学校図書館オリエンテーションの準備（2）

図書館の約束ができあがったら，次は，どんな活動を取り入れるのかを考えます。大切な1時間の授業をオリエンテーションとして使うのですから，約束と活動の両方をバランスよく組み入れたいものです。

オリエンテーションに組み入れたい活動例

　図書館の楽しさを伝えるために，発達段階に合わせた活動を準備します。
●読み聞かせ（詳細はp. 96－97参照）

　まずは，本選びから始めます。子供の好みは多様ですから，知識の絵本と物語の絵本の両方を用意します。絵本は，なるべく大きなものを選びます。大型絵本があれば，その中から選びます。

　大型絵本を使って読み聞かせをする場合，大きい本は意外と扱いにくいものです。本を選んだら，一度手に取り読んでみましょう。

大型絵本の例

●ブックトーク（詳細は p. 106－107参照）

　まずは，いくつかテーマを決めます。4月ですので，子供の心に沿った，春，新学期，友達，スタートというのはいかがでしょうか。

　次に，テーマに沿った本を，3冊から5冊ほど選びます。絵本，物語，詩など，図書館を見渡しながら探してみましょう。

　そして，ストーリーを作成し，本の順番と，紹介の仕方を決めたら，準備完了です。練習をしておくと，安心してブックトークができます。

●図書館クイズ

　あらかじめ，カードにクイズを書いておきます。カードに示されたクイズの答えが載っている本を，子供が探す活動です。クイズの内容を動物にすると「動物クイズ」，伝記にすると「伝記クイズ」となります。一人で探すのが難しい場合は，二・三人のグループにすると相談しながらの活動が可能になります。クイズの答えを探すときには書架の分類を確認したり，目次・索引を使ったり，百科事典を引いたりすることから，これらのスキルをすでに学んでいることが前提となります。

　クイズが終わった後は，掲示板に貼っておくと，オリエンテーションで使ったものがそのまま掲示物になります。

┌─動物クイズの手順─
│ (1) 問題カードを引く
│ (2) 本のタイトル，目次・索引などを見ながら，答えを探す
│ (3) 答えをワークシートに書く
└

図書館クイズの授業実施後の掲示例

4月
6 新年度用に学校図書館を整備

オリエンテーションに向けて，授業の準備はできました。新年度に向けて，他にどんなことが必要ですか？

新年度は学年やクラスが変わっています。まずは，学級名簿をもとに，図書館のデータを更新します。学校司書がいる場合は，互いの仕事を確認するいい機会となります。

図書館を新年度用に変えるには？

① 学級名簿をもとに，子供のデータを新年度用に更新します。
　・蔵書のデータベース化がされている学校とそうでない学校があります。前年度までの本の貸出方法を確認しておきましょう。変更点がある場合は，必ず職員会議で教職員に伝えるようにします。
　・新年度の学年学級名で，本を借りることができるように準備をします。
② 窓を開けて空気を入れ替え，掃除をします。
　・最も優先したいのは，子供が使う机です。埃をとっておきましょう。
③ 掲示や展示で，新年度の雰囲気づくりをします。
　・「入学・進級おめでとう」の言葉で，子供をむかえます。
　・春を感じる展示や掲示をして，あたたかく，さわやかな雰囲気をつくります。時間がないときは，表紙がきれいな本を探して，表紙が見えるように置くだけで，雰囲気が変わります。

新年度の雰囲気づくり

● 「入学・進級おめでとう」の言葉づくり
- ・お祝いの言葉なので，廊下を通っただけで見える場所を探す。
    - 例）図書館の入り口，黒板やホワイトボードなど。
- ・4月の中旬にはこの言葉を外すので，片付けやすいように作成する。
    - 例）黒板やホワイトボードに直接書く。
    - 画用紙にマジックで書いて，黒板や掲示板などに貼る。
    - ミニボードに書いて，机や椅子の上に置く。

● 春，新学期を感じる展示や掲示
- ・春に咲く花の本を展示し，季節感を出す。
    - 例）桜，チューリップなどの本を，表紙が見えるように置く。
- ・画用紙や折り紙で春の花を作成し，季節感を出す。
- ・絵本を展示し，新たな出合いを楽しみにする雰囲気をつくる。
    - 例）友達がテーマの絵本
        - 『ふたりはともだち』アーノルド・ローベル　文化出版局
        - 『ともだちや』内田麟太郎　偕成社
        - 『けんかのきもち』柴田愛子　ポプラ社
        - 『あらしのよるに』きむらゆういち　講談社
        - 『ともだち』谷川俊太郎　玉川大学出版部
    - 学校生活がテーマの絵本
        - 『デイビッドがっこうへいく』デイビッド・シャノン　評論社
        - 『おさるのジョージがっこうへ行く』
            - M.レイ＆H.A.レイ　岩波書店
        - 『となりのせきのますだくん』武田美穂　ポプラ社
        - 『給食番長』よしながこうたく　好学社
        - 『びゅんびゅんごまがまわったら』宮川ひろ　童心社

7 4月 授業での図書館利用の記録

オリエンテーションが終わると，学校図書館を活用した授業が始まります。うちの学校では図書館を使う時間が各学級に割り振られています。

なるほど，学級に割り振られた時間は，優先的に使えるのですね。どのような授業で活用されているのかを知るために，図書館活用の記録をつけることをお勧めします。この記録をもとに，「図書館教育」年間計画表を作成することができます。

「図書館教育」年間計画表作成に向けて

　前任者からの引き継ぎで，「図書館教育」年間計画表（p.26 - 27参照）があれば，それに沿って，打ち合わせや掲示の準備ができます。しかし，年間計画表が作成されていない場合には，どの学年がどの時期にどの教科で学校図書館を活用しているのかがわかりません。

　そこで，いつ，どの教科のどの単元で活用したのかを記入する記録用紙を作成します。記録用紙を図書館に置き，授業の都度，記入してもらいます。記録用紙を一つにまとめると，「図書館教育」年間計画表のできあがりとなります。記録用紙を学期ごとに整理して配布すると，学校図書館の活用状況を教職員が把握することもできます。

　年度始めの職員会議では，「昨年度の利用状況です」と言いながら，年間計画表で説明することもできます。年間計画表が作成されていると，展示や掲示，必要な図書の準備，担当教員との打ち合わせなどにも役立ちます。

● 記録用紙の例

2年1組 授業者（　　　　　　　　）

日　時	6 月 4 日　　3 時間目
教　科	生活
単元名	小さないきもの
メ　モ	＊使った資料，要望などがありましたら記入してください。 どんなおうちやどんなえさが必要かを4類の本で調べた。 目次と索引をよく使っていた。目次・索引がある本が必要。

● 図書館使用の割り振り例

　学級数が多くなると，図書館の使用が重なる場合が出てきます。重複を避けるために，年度当初の時間割作成時に優先して図書館を使える時間を組み入れたり，必要に応じて利用予定者が予約したりする（写真参照）などの方法がとられています。

● 「図書館教育」年間計画表の枠組み例

　学年を縦軸，月を横軸とし，一覧表にすると，どの月にどの学年がどの教科のどの単元で，学校図書館を活用するのかが一目でわかります。次ページでは，大阪府豊中市立中豊島小学校の「図書館教育」年間計画表を紹介します。作成するときの参考にしてください。

	4月	5月	6月	7月
1年				
2年				
3年				
4年				
5年				
6年				

司書教諭の仕事12か月―見通しをもって取り組むために―

「図書館教育」年間計画の例　（出所：大阪府豊中市立中豊島小学校）

	研究目標	重点	読書	利用	4 オリエンテーション	5	6 平和
1 生活	〈図書情報〉図書教材・コンピューター教材などの情報源を通じて、子どもたちが自主的に情報を集めて活用していく力を育てる。	①読書を楽しむ気持ちを育て、読書の習慣を身につける。②本を大切に扱い、学校図書館の利用の仕方を身につける。③必要な情報を収集し、有効に活用する力を身につける。	・お話を楽しんで聞く姿勢を育てる。・自分の好きな絵本や読み物を探し読むことができる。・物語の興味をもったところを紹介し合えるようにする。	・図書館のルールを知る。・いろいろな本があることを知る。		おはなしききたいな・いろいろなほんがあるよ 生「あさがお」	道（平和）「そしてトンキーもしんだ」
2 生活						たのしいおはなし9・しりたいこと3・4るい 国「たんぽぽ」	国「お手紙」アーノルド・ローベル 生「野菜を育てよう」	道（平和）「えんぴつびな」×「8月6日」
3 総合			・いろいろな読み物に興味をもち集中して読む力を育てる。・読み取ったり感じたりしたことを発表し合えるようにする。	・疑問をもったときに図書館に行って調べる習慣をつける。・図鑑（目次・索引）・国語辞典・百科事典・漢字辞典の使い方を知る。・NDCを知る。・資料活用のため奥付や引用について学ぶ（著作物）。	内ようによって分ける（0〜9るい◎理（図鑑）植物の名前のしらべ方 国「自然のかくし絵」	国語じてん 理「自然の観察」（フィールドガイド） 国「ゆうすげ村」茂市久美子	方法をえらんで調べよう（かんさつ・人に聞く・本で調べる） 道（平和）「おこりじぞう」
4 総合				・十のグループ・ラベル・いちばん左の数字がそのグループ0〜9るい 国「ヤドカリとイソギンチャク」武田正倫		理「こん虫をそだてよう」 漢字辞典 理「季節と生き物」（フィールドガイド） 国「走れ」村中季衣	新聞作り・わりつけ◎算数「いろいろなグラフ」 道（平和）「父さんぼくの足も地雷に」（地雷ではなく花をください）
5 総合			・目的をもって本を選び読む力を育てる。・どのように読んだのか、考えを発表し合えるようにする。	社会「健康なくらしをささえる」総合（環境学習）（ごみ・リサイクル・水）・図書館を有効に活用できるようにする・著作権について学ぶ。・NDCを知り、活用する。	ラベル（請求記号→分類番号・図書番号）・日本十進分類法（NDC） 国「だいじょうぶ　だいじょう」いとうひろし	新聞記事の構成と写真の役割 国「動物の体と気候」	短編と長編を読もう・読書記録・読書ゆうびん 国「世界で一番やかましい国」 新聞の投書
6 総合				地域の図書館へ・日本十進分類法（NDC）資料館や科学館の利用 社「大昔のくらしと国の統一」社会見学（奈良・大仏・東大寺）	ずい筆 国「イースター島にはなぜ森林がないのか」 国「さまざまな種類の本を読もう」	国「風切るつばさ」 道「ぼくがラーメン食べるとき」※紛争 総「平和学習」

図工（本の帯作り）全学年 → 7

7	9	10 読書月間	11	12	1	2	3
すきなほんをみつけてよみましょう	としょかんってどんなところ「しずかに」「ほんはたいせつに」 国「サラダでげんき」角野栄子		のりものについて・本をよんでしらべよう 国「いろいろなふね」乗り物調べ	国「おとうとねずみチロ」森山京	国「しをよもう」 国「じゃんけんやさんをひらこう」	むかしばなしをたのしもう（絵から見つける） 国「歯がぬけたらどうするの」多文化	国「スイミー」
おなじ人ぶつが出てくるお話・読んだ本を記ろくしよう	★図鑑 国「しを読もう」	国「名前を見てちょうだい」あまんきみこ 生「学習・総合発表会に向けて」（2015年度は"スイミー"）	図書館でどうぶつの本をさがしてもよる 国「ビーバーの大工事」動物調べ	本でしらべよう（もくじのつかい方、しらべた本の名前・ページ）	道「韓国・挑戦を知る」 国「かさこじぞう」岩崎京子 道「手や指で話そう」 生「郵便局について知ろう」	図工（恐竜の版画を作ろう）図鑑 むかし話をしょうかいしよう（本の名前・書いた人の名前）	国「ニャーゴ」宮西達也
本から本へつながり、読書記ろくとかんそうマーク◎理（図書館、科学館、はくぶつ館、コンピュタなど）しらべたり、作ったりしよう※パンフレット、リーフレット	国「詩を読もう」 国（王さまシリーズ読み聞かせ）	国「サーカスのライオン」川村たかし	「はたらく犬」リーフレット作り・要約 国「もうどう犬の訓練」はたらく犬調べ※パンフレット活用 音「富士山」	目次・さくいん・百科事典	世界の物語をしょうかいしよう 百科事典の使い方	国「はりねずみと金貨」 社「昔の道具と人々のくらし」	国「人をつつむ形」小松義夫 国「モチモチの木」
世代をこえて・読書記録、教えてくれた人への感想の返事 国「白いぼうし」関連※あまんきみこブックトーク 社会「安全なくらしを守る」（消防署） 資料を生かして書く	ことわざブックを作ろう 国「詩を読もう」 ★年鑑・統計 国「詩を味わおう」	お願いやお礼の手紙を書こう 国「ごんぎつね」新美南吉 音「もみじ」 社会「安全なくらしを守る」（警察署） さまざまな資料・題・キャプション・グラフと表（総量・割合・全体のけい向・数や量のちがい）	「くらしの中の和と洋」から引用 国「くらしの中の和と洋」 さまざまな資料（年鑑・白書・統計資料集） 国「注文の多い料理店」宮沢賢治	目的に合わせて調べよう①本で調べる（まず百科事典）②人にたずねる・引用 国「世界一美しいぼくの村」 読書感想文	読書会 リーフレットの構成、◎算数「帯グラフ・円グラフ」 国「伝記」	ポスター（新聞作りを生かして） 国「ゆめのロボット」を作る 国「百人一首」 メディア（ラジオ・新聞・インターネットなど）との付き合い方 国「テレビとの付き合い方」	国「木竜うるし」木下順二 社会「わたしたちの県のようす」 文章の種類・日本の文学館 国「大造じいさんとがん」椋鳩十
さまざまな種類の本を読もう・読書アルバム 国「ヒロシマのうた」今西祐行 ※広島見学施設・関連書紹介	資料を生かして呼びかける 国「詩を味わおう」	資料（円・棒グラフなど、画像、表） 図工「平和国際ポスター」※年鑑	情報活用の注意・メディアの使い方・著作権 国「海のいのち」立松 ※関連書紹介	すいせん文 国「町の幸福論」	◎算数「柱状グラフ」 国「プロフェッショナルたち」 国「いにしえの言葉に学ぶ」	構成 社「世界の中の日本とわたしたち」	

司書教諭の仕事12か月―見通しをもって取り組むために―

4月
委員会活動スタート

図書委員会が動き始めました。最初の委員会では，どんなことを行ったらいいのでしょうか。

図書委員会の子供は，クラスと図書館をつなぐ役割を担います。まず，図書委員会になってよかった。がんばりたいという気持ちをもつような投げかけが大切です。図書委員会は，常時活動がある委員会です。常時活動，子供の創意工夫を生かせる活動を組み入れていくことをお勧めします。

図書委員会の二つの仕事

　委員会活動は，子供の意欲，創意工夫を大切したい時間です。そこで，月1回の委員会活動では，図書館行事を軸にどのように取り組みたいかを話し合い，準備を進めることに重点を置きます。

　その一方で，図書委員会には，貸出の手伝いなどの常時活動があります。週に1回ほど，決められた曜日と時間に図書館に来て，司書教諭や学校司書のお手伝いをします。お手伝いの内容としては，貸したり借りたりすることや，本の整頓などがあります。そのときに，図書委員会という簡単なバッチを用意しておくと，子供はとても喜びます。お手伝いの時間は，図書館が混雑する時間を選びます。朝，昼休みなど，学校によって，混む時間が異なります。委員会の子供の人数と，常時活動に適している時間を選び，分担をするとよいでしょう。分担を決める時は，体育の後や特別教室での授業の前後などは図書館に来にくいので，時間割を考慮することも大切です。

図書館行事を軸にした委員会活動の事例

例1） 6月の委員会活動　　図書館行事:「6月の読書週間」

　議題　6月は梅雨の季節なので雨の日が多い。そこで，グラウンドが使えない日は，図書委員会がイベントを行ったらどうだろうか。
　　　＊議題は委員長と司書教諭で事前に打ち合わせをしておく。

　柱1　何を行うのか。
　　　・グラウンドで遊べない日は低学年の教室へ読み聞かせに行ったらどうか。
　　　・雨の日の休み時間に，図書館で昔話のDVDを上演したらどうか。
　　　・カルタを使って図書委員会主催カルタ大会を行ったらどうか。
　柱2　役割分担はどうするのか。
　柱3　どのようにして紹介するのか。
　　　　図書館と昇降口にポスターを貼る。お昼の放送で紹介する。

例2） 9月10月の委員会活動　　図書館行事:「秋の読書月間」

　議題　どんな活動をしたら，読書月間を盛り上げることができるのか。
　柱1　今までどんなことが行われてきたのか。
　　　・読書月間という大きな文字があった。飾りもあった。
　　　・図書委員会がお勧めの本を紹介していた。
　　　・本を借りたら，カードにスタンプを打ってもらった。
　柱2　今年はどんなことを行いたいのか。
　　　・ビブリオバトルを企画したい。
　　　・紙芝居を読みたい。
　　　・テレビ放送で，先生に好きな本のインタビューをしたい。
　柱3　役割分担はどうするのか。
　柱4　どのようにして紹介するのか。

9 [5月] 図書の購入の準備

図書を購入する予算が決まりました。どのようにして購入する本を選んだらいいのですか？

図書費は限られています。「役立つ本を選ばなくては！！」という気持ちはよくわかります。だからこそ，本を購入するための知識が必要になります。

本を購入する前に知っておきたいこと

　まず，教頭先生もしくは，図書費を担当している校内の事務官に，「どこから，どのような方法で，本を買っているのか」を尋ねます。地域や学校ごとの取り決めや慣習があるからです。

　次は，事務官に，前年度の図書館関係の予算執行状況をもとに，どのような分野で，予算が確保されているのかを確認します。

①図書の購入　　→　図書は備品扱いの地域が多いのですが，念のため図書は備品扱いか消耗品費扱いかを確認します。本の値段で区分けしている地域もあります。

②備品の購入　　→　ブックトラック，書架などの備品を購入します。

③消耗品の購入　→　図書館で使う文具類，本に貼るラベル，本を保存するために使うブッカーなどにあてます。

④新聞雑誌の購入→　子供新聞を購入する予算が確保されている学校もあります。

本を選ぶためにしておくこと

① 最優先して購入する本を選びます

　図書館を活用した授業を行いたい教科と単元を，学年で選んでもらいます。学年で選んだ本を使って，図書館を活用した授業を行ってほしいからです。

　図書館全体を見回し，調べるときに必要な本があるのかを確かめます。調べるときには，すべての教科で使う参考図書と，分類ごとの一般図書に分けられます。参考図書には，百科事典，国語辞典，年鑑などがあります。これらは，授業で使い方を学ぶときに必要になりますので，計画的に購入し揃えておきます。

② 図書館を見回し，どの分類の棚にどのような本があるのかを調べます

　調べるときによく使うのは，2類（地理や歴史など）3類（社会科学）4類（自然科学）6類（産業）の棚です。学年で購入したい本は，これらのいずれかの棚に置くことになる場合が多いので，重複を避けるためにも，すでにどのような本があるのかを確認しておきます。

　読み物として子供は，9類（文学）だけでなく，4類（自然科学）の本も手に取っています。また，飛び出す絵本，大型絵本なども大好きです。

　シリーズ本についても子供は敏感です。定期的に新しく出版されますので，人気のシリーズは，確認しておきましょう。

　課題図書は毎年4月には発表されます。調べておきましょう。

③ どのような本があるのかの情報仕入先を確保しておきます

　学校に出入りしている書店が本の実物を持ってきてくれる場合は，中身を見て選ぶことができます。

　出版社がカタログを作成していますので，その中から選ぶことができます。

　国語の教科書に掲載されている推薦図書，地域で選定されている必読書などがある場合は，教科書会社のホームページに掲載されているリストや地域で作成されている一覧表を入手します。

5月

春の図書館だより発行

4月は，あっという間に過ぎてしまいました。図書館を多くの先生や子供に使ってほしいと思うようになりました。どんなことから始めたらいいのでしょうか。

ひと段落した5月，図書館教育のアピールのためにも，春の図書館だよりを書いてみたらいかがですか？　司書教諭や学校司書の紹介，新しく購入した本の紹介など，この時期はネタがたくさんあります。図書館だよりには，校内の教職員を対象としたものと，保護者を対象にしたものがあります。

どんな目的で，だれを対象とした図書館だよりなのか？

　おたよりを書くときには，まず，目的と対象を決めておくことが大切です。子供と学校図書館とのつながりを深めていくために，現状を保護者に知ってもらいたいのか，授業での図書館活用を推進していくために，教職員に成果や課題を報告したいのかでは，図書館だよりの内容，書き方，使う用語などが変わってきます。

　次に，年間を通した予定，つまりどれくらいのペースで図書館だよりを発行するのかを決めておきましょう。そして，最初の発行のときに，年に何回発行予定なのかを示しておくと，読者も見通しがもてます。

　初めて書くときには，年に2〜3回ぐらいを想定すると無理がありません。5月・11月・2月の3回を目標にしてはいかがでしょうか。

　5月は，図書館部，司書教諭，学校司書などの紹介，図書館を使うときの約束，新しく購入した本の紹介など，おたよりの材料が豊富です。

11月は，読書月間が終わっているので，取り組みの様子を紹介できます。また，学校図書館を授業で活用した様子も紹介できます。子供の様子を中心に紹介したい材料がたくさんある時期です。

　2月は，1年間にどのような本を購入しどのように使われたのか，授業ではどのように図書館が活用されたのかなど，1年間を振り返る視点があると，まとめとしての図書館だよりとなります。

春の図書館だよりの例

6月
梅雨の時期の図書館行事

１学期最初の図書館行事がやってきました。
全校を対象とした行事ですので，どきどきします。

全国的な秋の読書月間に合わせて，10月11月には読書に関する図書館行事が学校でも取り入れられています。図書館行事ですから，教師主導ではなく，図書委員会を巻き込みながら行いたいものです。子供が秋に力を発揮するためには，１学期のうちに短期間のミニ図書館行事を設定することにより，段取りを学んだり達成感を味わったりしておくとよいでしょう。司書教諭にとっても，学校図書館部の存在をアピールする機会となります。

教員と子供の両方を視野に入れた計画

① **図書館行事を行うときには，二つのことに目を向けます**
・職員会議や打ち合わせで，**教員へ**，目的と内容を提案します。
・委員会活動の時間で話し合うなど，**児童**の創意工夫を生かす場を設けます。
② **教員へは，目標と具体的な活動を示します**
　読書月間の**目標**は全体計画の目標に合わせて作成します。
　目標例１）学校図書館を計画的に利用しその機能の活用を図る。
　　　　　　目標をもって読書し，日常的に読書に親しむと共に，児童・生徒の主体的，意欲的な学習活動を充実し，生涯学習の基礎を培う。
　目標例２）意欲的に本を読もうとする態度を育てる。
　　　　　　読書生活の基本的な習慣を養う。
具体的な活動は，図書委員会で話し合ったことも含めて提案します。

活動例） **一緒に朝読書**

読書週間中は，毎朝，朝読書を行います。この時間，先生方も一緒に読みましょう。

図書館へどうぞ

図書館で本を借りたら，読書月間カードにスタンプを押します。読書月間カードは，しおり代わりにも使えます。

本と先生

お昼の放送時間を利用して先生に好きな本を紹介してもらいます。

＊テレビ放送ができれば，本の表紙を見せながら紹介ができます。

＊紹介された本は図書館に展示します。

③ **準備段階の段取りは，ていねいに行います**

委員会活動で話し合ったことの準備について確認をしっかりとします。

一覧表にすると，司書教諭自身も委員会の子供も，全体が見えるようになります。

活動	担当者	委員会				司書教諭
		5年1組	5年2組	6年1組	6年2組	
図書館へどうぞ	用紙の準備					あき先生
	しおり作り	6/13の読書週間開始までに作成	6/13の読書週間開始までに作成			
	スタンプ押し	月曜日から金曜日の朝を5人で分担	月曜日から金曜日までの昼休みを5人で分担	月曜日から金曜日の朝を5人で分担	月曜日から金曜日までの昼休みを5人で分担	中休みと放課後はあき先生が担当
本と先生	先生への依頼				6/7までに，委員長が依頼に行く	
	放送委員会との調整			6/3までに副委員長が調整する		
	インタビューの内容の決定			6/2委員会活動のときに決定	6/2委員会活動のときに決定	
	放送時のインタビュー			6/14校長先生担当 6/21保健の先生担当	6/17学校司書さん担当 6/24教頭先生担当	
その他	本の展示					放送終了後に展示
	入口の看板	6/2委員会活動のときに作成				
	昇降口のポスター		6/2委員会活動のときに作成			

7月
夏休みの貸し出し準備

あっという間に夏休み！
夏休みは，貸し出し期間や冊数がいつもと違います。
夏休みは，一人3冊まで借りることができます。

あき先生，見通しがついてきましたね。夏休み前は，どの先生も忙しいので，計画的に夏休み用の本の貸し出しができるように，打ち合わせの時間を使って提案します。

夏休みの本の貸し出しについての提案

　夏休みの読書は，7月までに培ってきたことを夏休み後につなげていくための架け橋となります。そこで，職員会議や打ち合わせ等を利用して，夏休みの本の貸し出しについての提案をします。提案の文書に書き入れることを整理しておきましょう。

●目的

　何のために夏休みに本の貸し出しをするのかについて，司書教諭は学年や教科の先生方と確認します。そのときに，次のような案を示すと，簡単な打ち合わせがしやすくなります。

　例1）好きな本を読み，読書に楽しむ
　例2）普段読まない本と出合い，読書の分野を広げる
　例3）課題図書や推薦図書を読み，見方考え方を広げたり深めたりする
　例4）夏休みという時間を利用して，普段は読めない長編に挑戦する

＊学年ごとに重点が異なっても構いません。もちろん，全校で統一しても構いません。先生方と提案前に意思疎通を図っておくことにより，目的が子供

に伝わりやすくなります。

● 期間

　各学年や学級では，夏休みに向けて準備を進めています。いつまでに今借りている本を返すのか，いつから夏休みに読む本を貸し出すのか，個別に貸し出しを開始するのか，学級ごとに貸し出す時間を設定するのかなど，スケジュールを立てるときに必要な情報を提供するようにします。

● 約束

　通常と約束が異なるときは，すべての教員に伝わるように提案します。
　例）貸し出し冊数……通常と異なる場合は，何冊かを示します。
　例）貸し出し制限……人気の本は，誰もが借りたいと思っています。多くの子供に行き渡るように，「〜は，一人〜冊」とうように，示すようにします。

● 夏休み明けの返却も合わせて提案

　夏休み明けの返却を短い期間で行うことは，通常のペースへとスムーズに移行するためにも大切なことです。とはいえ，夏休み明けの子供の持ち物は多いため，余裕をもって返却日を設定するようにしましょう。

夏休みの本の貸し出し当日

　貸し出し当日は，普段図書館にやって来ない子供が，本と出合う貴重な機会でもあります。本に親しみやすい雰囲気が出せるよう，入り口などの掲示に気を配ったり，本を面出しして手に取りやすくしたりするなどちょっとした工夫をしてみましょう。

　また，夏休みの貸し出し時期は図書館が混雑します。貸し出し冊数が普段と異なる場合はなおさらです。学校司書がいる場合は対応できますが，そうでない場合は，学級担任や図書委員会と連携が大切です。

8月
夏休みを利用した図書館整備

夏休みに本を貸し出したら，図書館の本が一気に減った感じがします。こういうときに，どんなことをしておいたらいいのでしょうか？

あき先生，いいことに気がつきましたね。4月に，司書教諭になってから，一息つけるのがこの夏休みです。夏休みだからこそできることはとてもたくさんあるので，学校の実態によって選べるように，いくつかの事例を紹介します。

掃除や片付けをしたい！

　まず，よく行われているのが掃除です。本が減った夏休みは，隅々まで掃除機をかけたり，不要なものを処分したりするなど，普段掃除が行き届かないところもきれいにできます。

　次に，普段できない大規模な書架や机・椅子などの移動を行うこともできます。4月からの子供の動きを見たときに，改善点を思い描くことがあります。夏休みは，このような大規模な移動に適しています。

　さらに，修理が必要になった本，たまった新聞の片付けなど，普段では手を加えにくい図書館資料の整備，掲示物の作成や貼り替えなどにも夏休みは適しています。

夏休み明けに向けての準備

　夏休み明けの図書館教育をスタートするにあたり，進めておきたいプラン

をリスト化しておきます。以下の中から，学校の状況に合わせて選び，夏休みを有効に使ってください。

- ☐ 図書費，消耗品費などの使用状況を確認し，今後の計画を立てる。
- ☐ 外部講師，ボランティアの方々などと，連絡をとる。
- ☐ 学校図書館の授業での活用状況を整理する。
- ☐ 授業での活用状況や予算の執行状況などを，管理職に報告する。
- ☐ 図書館の入り口や掲示板などの掲示物を作成し，貼り替える。
- ☐ 秋の読書月間（p.42-43参照）の提案の準備をする。
- ☐ 修理が必要な図書や雑誌を，貸し出しができるように手を加える。
- ☐ 使用が不可能な図書を廃棄する。
- ☐ たまった新聞を処分する。授業で必要な記事はファイル資料（p.78-79参照）として整理をする。
- ☐ 学校司書や図書館部員と今後の図書館行事に向けて，打ち合わせを行う。

7月までは，仕事をこなすことが精一杯で，コミュニケーションが不足していました。学校司書と打ち合わせをもち，授業での使われ方や，そのときの子供の様子をお尋ねしたいと思っています。

そうですね。リストの中には，司書教諭が一人で行うのではなく，学校司書，図書館部のメンバー，または地域の図書ボランティアの方々などと一緒に行った方がいいものがたくさんあります。周りを巻き込んでいくのも，司書教諭の大切な仕事です。

はい，司書教諭の仕事は，マネージメントということも，実感できるようになりました。このようなリストがあると，今年は何に重点を置いたらいいのかが，見えますね。

8月
9月10月に向けての提案準備

待ち望んでいた夏休みも，あっという間に終わってしまいそうです。職員会議で提案できるよう，資料の作成をせねばと思っています。

8月末には職員会議が開かれる学校が多くあります。あき先生も，司書教諭として，9月10月の提案ができるよう夏休み中に準備をしておきましょう。

提案内容

　職員会議での提案は，校内の教職員に図書館教育について知ってもらうことにつながります。A4用紙1枚の文書を作成し，次のような内容を提案します。
　・7月までの成果と課題
　・9月10月の重点目標
　・図書館行事「読書月間」の提案
　・連絡：夏休みに借りた本の返却
　また，提案の最後に，新刊本の紹介をすることもよく行われています。「〜年生の〜の授業に適しています」などと，一言加えると，本と授業のイメージがつながります。

提案準備

　秋には「読書月間」という全校が関わる行事が設定されている学校が多く

あります。行事を進めるには，図書館部の先生方，学校司書，校内の教職員すべての協力が必要です。このような行事の提案をするときには，図書館部の先生方や学校司書と事前の打ち合わせをもつか，もしくは，作成した文書を事前に見てもらう機会をつくるなどの事前準備を設定しておきます。

　特に，打ち合わせを短い時間で実りの大きいものとするためには，提案することの中に，何を話し合ってほしいのか（以下の下線部）を示すことが大切です。その事例を紹介します。

・読書月間の目標
　　読書の楽しさを味わうこと活動を通して，意欲的に読書をする態度を育てる。
・期間　10月1日～31日
・内容　＊追加や修正があるか
　　教員主催：お話会の設定　学年ごとに
　　　　　　　朝読書を毎日実施
　　　　　　　新規購入本の展示
　　図書委員会主催：図書館の飾り付け
　　　　　　　　　　週1回　お昼の放送で「読書コーナー」を設定
　　　　　　　　　　週1回　委員会主催のビブリオバトル開催
　　　　　　　　　　＊7月の委員会のときに話し合い済み
・役割分担
　　お話会の外部講師との連絡　　　　　（　　　　）
　　お話会の運営を学年主任へ依頼　　　（　　　　）
　　朝読書の時間設定を教務主任と調整　（　　　　）
　　新規購入本の展示　　　　　　　　　（　　　　）
　　図書委員会の指導　　　　　　　　　（　　　　）

図書館部での打ち合わせメモの例

10月 読書の秋の図書館行事

10月です。
7月から準備を進めてきた読書月間が始まります。
わくわくしますが，全校を対象とした行事は初めてなので，予定通りに進むか心配な気持ちもあります。

全校の子供を巻き込む行事を運営することは，とても大変ですが，成果も大きいですよ。では，安心できるように，1か月間をイメージしておきましょう。

準備をしてきたこと

　10月の読書月間に向けて，どのような準備をしてきたのかを整理してみます。計画的に進めてきたので，図書委員会も無理なく活動ができました。

　　4月　読書月間が年間計画に入っているのかを教務主任と確認
　　6月　梅雨の時期の図書館行事を図書委員会が運営
　　7月　委員会活動において，6月の反省と10月の読書月間の計画立案
　　8月　学校図書館部の打ち合わせにおいて，職員会議用提案内容の検討
　　9月　委員会活動において，10月の読書月間準備

1か月間を一覧表にしておくとイメージしやすい！

　簡単な表にしておくことで，いつ誰が何をするのかが一覧できます。

読書月間仕事分担一覧表

週 \ 担当	司書教諭　学校司書　教員	図書委員会
9月末	一覧表を担当の先生に配布（司書教諭）	図書館のかざり　委員会の分担確認
10月第1週	朝読書の時間　様子を確認（A先生）	お昼の放送「読書コーナー」1回目の準備と本番
10月第1週	新規購入本の展示（学校司書）	第1回　ビブリオバトルの準備と本番
10月第1週		10月委員会活動
10月第2週	朝読書の時間　様子を確認（B先生）	お昼の放送「読書コーナー」2回目の準備と本番
10月第2週	お話会の準備と本番（司書教諭　学年主任）	第2回　ビブリオバトルの準備と本番
10月第3週	朝読書の時間　様子を確認（C先生）	お昼の放送「読書コーナー」3回目の準備と本番
10月第3週		第3回　ビブリオバトルの準備と本番
10月第4週	朝読書の時間　様子を確認（司書教諭）	お昼の放送「読書コーナー」4回目の準備と本番
10月第4週		第4回　ビブリオバトルの準備と本番

　司書教諭は，教職員と図書委員会の両方を視野に入れる必要があります。全校を対象とした行事は，コミュニケーションが大切です。朝読書の様子を見回る担当のA先生には，始業前に「今日はお願いします」，昼休みや放課後に「今日の様子はどうでしたか？」などと声をかけましょう。お昼の放送の「読書コーナー」を担当する子供にも，「準備はできていますか」と，前日に声をかけましょう。そして，その日のうちに，「はっきりした声で話せましたね」「とても聞きやすかったですよ」などと，よかったことをほめるようにしましょう。

　このような声かけを，率先して行ってみてください。声かけにより運営がスムーズになります。そして，取り組みの様子を写真に撮っておきましょう。図書館だよりを作成したり，年度末に成果と課題を整理したりするときにも役立ちます。

秋の読書月間の提示例

11月
秋の図書館だより発行

読書月間が終わってほっとしました。あっという間の1か月でした。全校行事を行うと、子供の成長が見えてとてもうれしいです。この気持ちは、保護者や教職員にも伝えたいですね。

春の図書館だよりを出してから、だいぶ時間がたちました。ぜひ、子供の様子を、伝えてください。ただし、保護者を対象とするときと、教職員を対象とするときでは、目的や留意点が異なります。今回は、両方の視点でアドバイスしますね。

保護者を対象とした図書館だよりの留意点

　図書館だよりは、保護者に図書館に関する学校の様子を知ってもらったり、図書を介した保護者と子供とのコミュニケーションを促したりするなど、学校だよりや学年だよりとは違う目的があります。
　図書館だよりが保護者と学校との架け橋になるような1枚にするには、どんなことに留意したらいいのでしょうか。
　保護者が知りたいのは、自分の子供が所属している学年の情報です。どの学年の保護者が手にとっても、我が子に関する記事があるような紙面のレイアウトを心がけましょう。
　また、図書館だよりは多くの人に読まれることを常に意識しておくことが必要です。保護者はもちろん、祖父母、子供の目にも触れます。配布する前に、管理職に見せ、承諾を得てから印刷して配布しましょう。
　保護者を対象として図書館だよりを出すときに特に気をつけることを一覧にしておきました。

- ☐ 大見出し，リード文，小見出しを意識して構成します。忙しいときは，大見出しとリード文のみで，理解できるように！
- ☐ 誤字脱字がないように，書いてから必ず読み直します。管理職にも目を通してもらいます！
- ☐ 子供の写真を掲載するときには必ず担任に一声かけます。全校配布してよいかどうかを確かめましょう！

教職員を対象とした図書館だよりの留意点

　読書月間は全校行事です。全校で動いたときには，今年の読書月間を振り返り，次年度へとつなげていくことが大切です。

　教職員を対象とした図書館だよりには，全校で取り組んだからこそ見えた成果を写真やインタビューを交えて掲載するようにしましょう。

　例えば，朝読書の時間に読む本を図書館に借りに来る子供の様子
　　　　　真剣に朝読書に取り組んでいる様子
　　　　　昼休みに行ったビブリオバトルの様子
　　　　　お話会の子供や教員の感想
　　　　　子供がよく読んだ本の紹介
　　　　　読書月間中に，子供が手に取るようになった本の紹介
　　　　　教員からのコメント

　図書館だよりに各学年の取り組みを紹介すると，他の学年の様子を知ることができます。また，図書委員会の反省会での議事録を掲載すると，子供の取り組みを紹介することにもなります。

　このように，行事の後は，しっかりとまとめをすることで，次の年度に引き継がれていくのです。

12月 冬休みの貸し出し準備

11月も終わりに近づくと，イルミネーションが飾られはじめ，一気に年の瀬を感じるようになります。図書館も，クリスマスの本を置いたり，冬の掲示物を飾ったりして，わくわくする雰囲気にしたいです！

あき先生も，すっかり司書教諭になってきましたね。学校図書館は全校の子供が集まる場ですから，季節感は特に大切にしたいと思っています。12月は師走というように，あっという間に過ぎてしまいます。今回は，冬休みの本の貸し出しに重点をおいて，司書教諭がすべきことを紹介しましょう。

冬休みの本の貸し出し

　同じ長期の休みとはいえ，夏休みと冬休みでは，休みのとらえ方が異なります。冬休みは意外と短いこと，年末年始は家族との時間が長いことなどから，冬休みの本の貸し出し冊数は，通常と同じとしている学校もあります。通常と同じ場合のメリットは，冬休み直前まで図書館を開館することができることです。

　その一方で，夏休み同様，貸し出し冊数を増やしている学校もあります。冊数が多いことのメリットは，借りる本の選択肢が広がることです。

　貸し出し冊数を変える場合は，学校の状況に合わせて冊数を決め，打ち合わせ等で連絡をしておきます。人気の本はみんなが借りたいと思うので，不公平とならないように，夏休み同様（p.36－37参照），文書に必要事項を書いて教職員に配布したり，図書館にポスターを貼っておいたりするなど，子供に伝わるように準備をします。

・ポスター例

　　冬休みは貸し出し冊数が変わります！

　　冬休みの貸し出しは，12月（　　　）日からです。

　　貸し出し冊数は，一人（　　　）冊までです。

・ポスター例

　　注意！　冬休みの貸し出しについて

　　一人，（　　　）冊まで借りることができます。

　　貸し出しは，12月（　　　）日の朝からです。

　また，冬休みの貸し出しをする前に，現在借りられている本がしっかりと図書館に戻っている必要があります。そのため，11月の下旬から，返却が遅れている子供には返すように通知を出し，担任にもその旨をお願いしておきましょう。

クリスマスの本の扱い

　12月は，クリスマスの季節です。クリスマスやサンタクロースをテーマにした絵本は数多く出版されています。表紙もきれいなものが多いので，普段は書架にあるクリスマスの絵本を，この時期は図書館の入り口などの目立つ場所に面出しして展示すると，あっという間に図書館の雰囲気を12月に変えることができます。

クリスマスの本の展示例

1月
お正月の雰囲気づくり

短い冬休みが終わると,子供と「あけましておめでとうございます」という挨拶で,新年がスタートします。日本のお正月の雰囲気を出したいと思っています。

お正月は,日本の文化に親しむ機会がたくさんあります。学校図書館も,お正月の雰囲気を作って,子供たちをむかえたいですね。

お正月の掲示物

　今年はじめて学校で会うときには「あけましておめでとうございます」という挨拶からスタートします。冬休み中静かだった教室からは,子供の元気な声が聞こえてきます。学校図書館からも子供にお正月に関連した情報を発信したいと考え,いくつかの事例を紹介します。

　日本には干支があります。その年の干支の絵を描いた年賀状を画用紙で作成し,図書館の入り口に貼っておくと,挨拶代わりになります。「あけましておめでとうございます」と筆で書くと,さらに雰囲気がでます。

　お正月の代表的な遊びとして,凧あげと羽根つきは江戸時代から親しまれてきたようですが,近年子供が遊んでいる光景を見ることは減ってきました。凧あげや羽根つきは子供の遊びですが,健やかな成長という大人の願いも込められています。そういう意味でも,凧や羽子板は子供たちのために図書館に掲示したり展示したりしたいものです。

　凧は,全国各地に地域独特の形やデザインのものがあります。最近では凧あげをすることも少なくなり,凧を間近で見る機会も減っています。地域で

受け継がれている凧は，ぜひ子供に見せたい日本の伝統の一つでもあります。比較的手に入りやすく，サイズも大きいものから小さいものまで多様ですので，どのような図書館でも対応できます。

その一方で，羽子板は，ほとんど見る機会がなくなりました。もし入手が可能ならば，凧と一緒に並べると，日本ならではのお正月を演出できます。

お正月の遊び

図書館に置いて実際に遊べるお正月の遊びとして，「すごろく」「福笑い」「百人一首」「いろはかるた」などがあります。「百人一首」は，絵札を読んで取るという遊びのほか，坊主めくりという遊び方も親しまれています。

休み時間に図書館にやってきて，遊んでほしいものばかりです。1月末日までは，図書館に置いておき，節分の頃になったら片づけましょう。

季節感を図書館から発信

十二支の本，お正月の遊びの本などの展示や読み聞かせは，図書館から季節感を発信できる方法です。

季節感を発信する機会は，他の月にもあります。入学・進級おめでとうという言葉が図書館にあるだけで，うれしい気持ちになります。

入学式の展示例

勤労感謝の日の展示例

2月
卒業生への餞（はなむけ）

学校では，卒業生を送る会に向けて，各学年が準備を進めています。図書館から発信できることは，ありますか？

もちろんあります。「在校生が卒業生に向けて」だけでなく，「卒業生が在校生」に向けて何かを残すという取り組みも行われています。図書館が全校の子供が集まる場という特徴を生かした発信を積極的に行っていきたいという気持ちは，これからも大切にしてください。

卒業生が聞いた読み聞かせ本の展示

　読み聞かせしてもらった本は，心に残っているものです。物語は感情を動かし，知識の本は好奇心を沸き立たせます。そのときそのときを思い出しながら本を手にするひとときを卒業生にプレゼントするというのはどうですか。
　コーナーの名前として，「餞（はなむけ）」「卒業おめでとう」「この本覚えていますか？」などが，使われています。コーナーに，書名の一覧を記入した用紙を置いておくと，卒業生が自由に持ち帰ることができます。
　読み聞かせした本の記録は，読み聞かせの重複を防ぐためだけでなく，このような形で利用することもできます。

卒業生から在校生へのプレゼント

　卒業生が在校生に残し，在校生が卒業生から引き継ぐ，そんなやり取りが行われるこの時期，全校の子供が集まる学校図書館は一つの場として，活躍

します。

　図書委員会の卒業生を中心に,「新1年生へお勧めの本」と題したコーナーを作成している学校がありました。卒業生と新1年生は直接会うことはありませんが,卒業生が残してくれたというところに,その学校の伝統が感じられます。卒業生のコメントを読む新入生の表情が浮かんできます。

　また,在校生への「ぜひ,読んで！」というコーナーでは,先輩からの言葉がストレートに伝わる紹介文とともに,本が紹介されていました。「幸せ！時間を忘れて没頭できた」「難しい数学が楽しくなるよ」「修学旅行のときにこの本に助けてもらいました」など,先輩からの言葉は下級生にダイレクトに届きます。このコーナーは,新年度図書館をオープンしたときに,本を手に取る下級生で賑わっていました。

学習成果物の保管と展示

　レポートや新聞などの学習成果物は,下級生が学びのゴールをイメージするのに役立つことから,図書館では保管したり展示したりしています。少なくとも2月のうちには,学習成果物を卒業生に返却するようにしましょう。

　また,卒業生が図書館を利用できる最終日は,早めに連絡をします。最終日までに,本がすべて戻るように,借りている本の返却状況を2月末までには整理しておきます。延滞している場合は,早めに声をかけたり,担任にお願いしたりするなど,計画的に進めることが大切です。

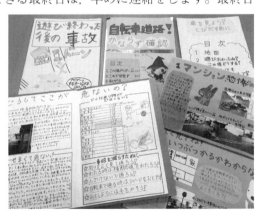

学習成果物の展示例

3月
1年間のまとめ

締めくくりの3月になりました。1年間を振り返り，成果と課題を整理して，仕事が終わりですね。

あき先生，1年間がんばりましたね。
成果と課題を整理することは，次年度に引き継ぐためにもとても大切です。
さらに，3月は，それ以外に，引き継ぎ文書を整理すること，蔵書点検をすることという重要な二つの仕事があります。

成果と課題の整理

　成果と課題については，年度当初の全体計画（p.14－17参照）をもとに行います。計画的にできたこととその成果，そして，できなかったこととその理由を整理しておきます。司書教諭の案をもとに，図書館部会を開いたり，学校司書と打ち合わせをしたりして，図書館部の評価としてまとめておきます。
　次年度への引き継ぎ事項や，全体計画の修正点については，その旨も記しておくと，次年度の担当者の参考になります。

引き継ぎ文書の整理

　引き継ぎ文書は，データと紙の両方があります。データの場合は，フォルダに名前をつけて整理し，紙の場合は，見出し（インデックス）をつけてファイルに整理します。

特に紙については，後から見た担当者がわかりやすいように分類した上で，インデックスをつけます。4月から整理してある場合でも3月に再度見直し，不要なものは処分しましょう。

・学校図書館運営（年間提案）　・職員会議
・図書館通信　・書籍注文リスト　・提出文書
・図書委員会　・学校司書　・授業資料

フォルダ名の例

インデックスは，教育委員会からの文書，公共図書館からの文書，校内の職員会議や打ち合わせの提案文書，というように，何らかの基準で分けておくと探しやすくなります。この場合は，誰が出したものなのかというのが基準となります。データの場合も，ファイルやフォルダの名前のつけ方を再確認し，不要なデータは削除しておきます。

図書館教育は，地域やボランティの方々，書店，公共施設などとの関わりが日常的にあります。主な連絡先も一覧にしておくと便利です。

蔵書点検

子供が借りている本がすべて戻ったところで蔵書点検を行います。教職員が借りた本の返却もすべて済んでから行いますので，春休みになってからという学校が多いのが現状です。図書館の本は，子供が日々使っていますので，紛失したり，修理が必要になったりします。

修理もできないほど痛んだ本は，蔵書点検時に廃棄します。また，廃棄はしないけれども，書架から外したい本については，一時的に別の場所に保管します。この場所については管理職と相談するようにしましょう。

紛失や，廃棄の処理の仕方については，学校ごとに方法が決まっていますので，管理職や事務官に確認するようにしましょう。

> コラム

展示本のリスト作成

　季節の展示コーナーに展示した本をリスト化しておくと，次年度から簡単に準備ができるようになります。季節の展示に必要な本を購入するときにも役立ちます。人（司書教諭）が変わっても季節の展示が継続できます。

　エクセルで作成した表の例を以下に示しましたので，参考にしてください。写真を撮って貼り付けておくと，展示のイメージも伝わりやすくなります。

書名	出版社	NDC	出版年
おしごと図鑑①かがやけ！ナース	フレーベル館	366	2001年
おしごと図鑑②うまいぞ！料理人	フレーベル館	366	2002年
おしごと図鑑④いきいき！保育士	フレーベル館	366	2003年
おしごと図鑑⑤キラリッ★美容師	フレーベル館	366	2003年
おしごと図鑑⑥アツイぜ！消防官	フレーベル館	366	2004年
おしごと図鑑⑦はばたけ！先生	フレーベル館	366	2005年
おしごと図鑑⑧それいけ！新聞記者	フレーベル館	366	2006年
職業外伝	ポプラ社	366	2005年
ぼくは恐竜造形家　-夢を仕事に-	岩崎書店	366	2010年
ぼくはアニマルトレーナー	ポプラ社	366	2011年
しごとば	ブロンズ新社	366	2009年
続・しごとば	ブロンズ新社	366	2010年
続々・しごとば	ブロンズ新社	366	2011年

2章 学校図書館の環境整備
―情報収集しやすい図書館をつくるために―

　突然ですが，理科の授業は，どこで行いますか？
　ねらいによって，教室，屋外，理科室というように，学習活動の場が変わります。学校には理科室があります。実験をするときは，実験器具が揃っている理科室が適しています。そのとき，実験器具の扱いは，どのように指導しますか。

　学校図書館も同じです。学校図書館は，年齢に応じた図書館資料が組織化されて置かれているという特徴があります。その特徴を活用することが本時の授業のねらいと合っていたら，学校図書館を授業の場所として選びます。
　そのときに，目次・索引の使い方を学ぶ必要があれば，授業の中へ組み入れます。学校図書館を使って授業をした方が適していると教員が判断したときに，いつでも使えるようにしておく必要があります。
　このように，授業と図書館をつなぐこと，それが，司書教諭の仕事の一つである「授業支援」です。さあ，あき先生の学校図書館は，授業で使えるようになっていますか。一緒に見てみましょう。

本を探すための手がかりを学ぶ（1）
図書館の地図・サイン

図書館に来たら、自分で本を探すことができる子供にしたいです。そうするためには、図書館に何を置いたらいいのでしょうか。

自分で本を探すためには、二つの方法があります。
1 図書館の地図、サインを手掛かりに本を見つける方法です。タイトルが決まっている場合や、蔵書がデータベース化されていない図書館で有効です。
2 コンピュータの端末にキーワードを入力し、示された請求記号が貼られている本を、図書館の地図とサインを手掛かりに見つける方法です。

いずれも手順が必要です。手順に沿って図書館の整備の仕方を説明します。

図書館の地図，サイン，請求記号

①図書館の地図　②サイン　③請求記号の手順で本を探します。

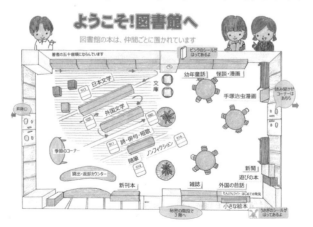

コンピュータの端末にキーワードを入力すると，書名，著者名に加えて請求記号が表示されます。この請求記号が図書館のどこにあるのかを把握するときに図書館の地図を使います。なお，コンピュータの端末がない場合は，図書館の地図とサインを手掛かりに，書名を探します。

　図書館の地図は，図書館の入り口付近に掲示し，どこにどのような本があるのかが一覧できるようになっています。図書館の本は一定のルールをもとに分類されており，日本国内の図書館で広く使われているのがNDC（日本十進分類法）（p.58-59参照）です。

　図書館の地図には，書架の配置と，言葉や文字が書かれています。言葉や文字は，地理・歴史，文学という表記方法だけでなく，NDCの記号を用いて書く方法，学校独自の記号を書く方法など，いくつか方法があります。ここで使う用語は，書架に貼ってあるサインに書かれている用語と連動するようにします。

　サインは，書架の横や上に貼ってあったり置いてあったりすることが多く，サインをたどっていくと，その書架にはどういう本が集められているのかが見てとれます。サインを見ながら書架にたどり着いたら，次はその書架のどの棚に必要としている本があるのかを探します。そのときは，さらに細かく示されたサインを見ていきます。そうして，ようやく棚に行き着きます。棚にはたくさんの本が並んでおり，本の背表紙の下にラベルがはってあります。本が少ない図書館ならばこの段階で書名を見ながら本を探すことができます。

　このラベルには請求記号（p.60-61参照）が書いてあります。請求記号は，書架の棚の上から下に向かって順に並べられています。請求記号を追っていくと，探していた本に行き着きます。

　本はこのような手順で探します。学校図書館を見渡し，図書館の地図，サイン，請求記号を子供が一人でたどって行けるのかを，常に確認するようにしましょう。

［図書館用語　ミニ知識］
本，雑誌，ファイル資料などを総称して「図書館資料」と言います。

本を探すための手がかりを学ぶ（2）
図書館の本の分類
日本十進分類法

図書館の本は，一定のルールをもとに分類されています。日本で広く使われているのが，日本十進分類法であり，略してNDC（Nippon Decimal Classification）と言います。
ここでは，NDCはどのような仕組みなのかを，まとめておきます。

NDCの仕組み

　NDCは，学校図書館だけでなく，国内の公共図書館や大学図書館などでも，広く使われている分類法です。数字の0から9を用いて，情報資料の主題によって分類記号を与える方法であり，一次区分，二次区分，三次区分と細分化することで，より詳細に主題を表していきます。一次区分を類，二次区分を綱，三次区分を目と言う場合もあります。

　0から9の番号は，「3類　社会科学」「4類　自然科学」というように，10に分けられています。本が少ない場合は，一次区分（類）のみで区別ができますが，4類の自然科学の本が増えてくると，効果的に探すためにはさらに細かく分ける必要があります。そこで，41数学，42物理学，43化学，44天文学というように，二次区分（綱）まで表記します。44の天文学の本がさらに多い場合は，444太陽，445惑星，446月というように，三次区分（目）まで表記します。読むときには，「よんいち」「よんよんろく」という読み方をします。

※ NDCは定期的に見直され追加・修正が行われます。第4章の「日本十進分類法」では現段階で最新の一覧表を示しておきました。

第一区分	第二区分	第三区分
0類　全般・図書館	40　自然科学全般	440　天文学・宇宙科学全般
1類　哲学・宗教	41　数学	441　理論天文学・数理天文学
2類　歴史・伝記・地理	42　物理学	442　実地天文学・天体観測法
3類　社会科学・風俗	43　化学	443　恒星・恒星天文学
4類　自然科学　……>	44　天文学・宇宙科学　……>	444　太陽・太陽物理学
5類　技術・工業・家庭	45　地球科学・地学	445　惑星・衛星
6類　産業・交通・通信	46　生物科学・一般生物学	446　月
7類　芸術・体育	47　植物学	447　彗星・流星
8類　言語	48　動物学	448　地球・天文地理学
9類　文学	49　医学・薬学	449　時法・暦学

日本十進分類法の仕組み

年度当初の学校図書館利用指導

　図書館の本は，無造作に置いてあるのではなく，一定のルールをもとに並べられていることを知ることは，自分で本を探す上で必要な知識です。そのため，年度当初のガイダンスなどで，分類の指導を行う場合が多くみられます。また，中学生や高校生になったときの新入生オリエンテーションにおいて，学校図書館の使い方や分類の指導が行われる場合もあります。

　小学校の低学年では，使用する本が限られていることから，分類の指導よりも本の扱い方や一定の時間に図書館に通うという習慣づけを主とします。小学校3年生になると，社会科や理科，総合的な学習の時間が始まり，図書館の本を使用する分野が広がります。また，図書館の全体を視野に入れることもできるようになることから，分類指導に適した年齢になります。

本を探すための手がかりを学ぶ（3）
請求記号

本の背表紙の下に貼ってあるラベルには，何が書かれているのだろうと，不思議に思っていたという話をときどき聞くことがあります。ラベルに書かれていることをここで整理しておきます。

請求記号の表記の仕方

本の背表紙の下の方に貼られているラベルは3段に分かれていることが多く，上から分類記号（NDC），図書記号（著者名），巻冊記号（シリーズものの巻数や年度），これらをまとめて「請求記号」と言います。巻冊記号をあえて記す必要のない場合は，空欄にしておきます。

小学校の請求記号の例

分類記号（NDC）の表記の仕方は，学校によって若干異なります。

例えば，小学校では，一番上の図書記号の一次区分を目立たせるために，913の9を大きく表記したラベルを使用している場合があります。9類は赤というように，ラベルは色分けされているので，色による分類の識別が可能になります。サインを

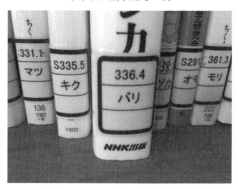
中学校の請求記号の例

同じ色にすると，さらに統一がとれます。

　著者記号は，著者の姓の頭文字がカタカナではなくひらがなで書かれていることもあります。

　中学校は小学校と比べて蔵書数が多いので，図書記号は第4区分まで書かれている場合が多く，著者記号も著者の姓の頭文字を頭から二文字まで示すなど，より詳しい請求記号となっています。

　また，文庫や新書などは，単行本と区別するため，図書記号の前に，新書ならばS，文庫ならばBという記号をつける場合があります。他にも，ビデオはV，絵本はEというような記号もあります。

　さらに，3段に分けたラベルを使用せず，「336.4　バリ」というように図書記号と著者記号を並べて表記する場合もあります。

　このように，ラベルへの請求記号の表記の仕方は，子供の発達段階，蔵書数などを見ながら，どのような方法が適切なのかを判断します。

*　蔵書がデータベース化されている場合やラベルを貼ってから本が業者から納品される場合は，例のように請求記号を印刷することができますが，そうでない場合は，手書きとします。手書きだと不揃いの印象を受ける場合は，数字や文字のスタンプを使用します。
*　ラベルの位置は，通常は背表紙の下の方です。しかし，下の方といっても厳密に揃えているわけではありません。貼る位置が不揃いにならないように下から〜ミリを決めている場合は，一番下に書かれている出版社名が見えなくならないようにという大まかな基準を設けたりします。

すごい！！子供が自分で必要な情報を探すことができるように，図書館には細かな手立てがあるのですね。

必要な情報の見つけ方を学ぶ（1）
目次・索引

図書館にはたくさんの本があるので，まずは，本を手に取るまでの手順が必要だということが，よくわかりました。では，本の中から必要な情報を探すためには，どうしたらいいのでしょうか。

さすが，あき先生です。本を探すまでを「探索」，本から情報を得るまでを「検索」と言います。ここからは，検索の話になりますね。

目次・索引の価値

　図書館で調べることを目的とした授業では，ペラペラと本のページをめくっている子供をよく見かけます。「何かいいこと書いてないかな……」という声が聞こえてくるようです。ある瞬間，ぱっと手を止め，ある部分をノートなどに書き写します。どういう理由でその部分をノートに書き写したのか，少し気になるときがあります。

　今では当たり前のように見える目次・索引ですが，これらがない時代が長くありました。例えば巻物が使われていたころ，知りたいことがあるときには巻物を開いて探し，読み終われば丁寧に巻き戻していました。探すのが大変だけでなく，巻物を広げるときにもしまうときにも，手間と時間がかかります。

　時代が進み，巻物から徐々に紙を折りたたむようになると，探すことも，広げたりしまったりすることも，容易になってきました。さらに，はじめに目次をつけてページを書いておけば，目次を見ただけで，全体像が見えてきます。

このように，人類は長い時間をかけて，本の形態を変えてきました。読者が必要としている情報を得るための方法として，目次・索引の使い方は，子供に引き継いでいきたい人類の知恵の一つとも言えます。

目次・索引の使い方

　調べることが増えてくる小学校２年生や３年生の時期は，生活科，理科，社会科，総合的な学習の時間などで，自分の疑問や知りたいことを調べる学習が行われます。また，この頃の国語科の教科書にも，目次・索引の使い方を学ぶページがあります。

　例え小学校２・３年生でも，目次・索引の存在を知り，目次・索引を使って情報に行き着くことを重ねれば，必要に応じて目次と索引を使い分けることができるようになります。どこかでこのような場に出合わなければ，大きくなっても，目次・索引を使い分けることはなかなかできるようにはなりません。もちろん，このスキルは，大人になっても使います。

> 目次：本の前にあり，本全体にどんなことが書いてあるのかを一覧できる。
> 　　　目次には，分野や内容を示す見出しとページ数が並んでおり，必要な内容を選び，その横のページを開くと，必要としている情報へ行き着くことができる。
> 索引：本の後ろにあり，本に書かれている用語が，50音順，もしくは，アルファベット順に並べられている。

　小学校２・３年生が目次・索引をはじめて使うときには，授業とつなげやすく，今後の学習での使用頻度も高いことから，図鑑が適しています。現在，図鑑は，学研，ポプラ社，小学館，講談社などから出版されています。中身を見た上で比較検討し，計画的な購入をお勧めします。

必要な情報の見つけ方を学ぶ（2）
百科事典

うちの学校の図書館には，図鑑の他に百科事典もあります。百科事典の引き方を教えるには，どのような方法があるのですか。

図鑑と百科事典は，調べたいと思ったとき，はじめに手にとってほしい本です。いずれも，広く浅く情報が集められていることから，概要や定義を把握するときに役立ちます。特に百科事典は，1行目に定義が書かれていることから，ことがらの定義を知りたいときに役立ちます。さらに詳しく知りたいときには，もちろん専門書で調べます。
図鑑と百科事典は，異なる点があります。図鑑には，目次・索引がありますが，百科事典には，目次はありません。図鑑は1冊で完結していますが，百科事典にはそうでないものもあります。

背・つめ・柱を使って引く

　百科事典には，図鑑と同じように索引があります。百科事典には，索引だけの巻が存在しており，膨大な索引の中から，必要な用語を見つけるのは，容易ではありません。
　そこで，一般的に使われているのが，「背」「つめ」「柱」の順で，必要な「項目」に行き着く方法です。
　「背」というのは，背表紙の略語です。百科事典の背表紙には，巻ごとに，どの「ことがら」かが一覧できるように，50音が書かれています。これを見て，必要なことがらが，どの巻に載っているのかを判断します。
　「つめ」は，背表紙の反対側の小口にあります。それぞれのつめは一定の幅があります。どのつめのどのあたりに，必要なことがらがあるのかを予想

し，自分の親指のつめを置きます。そして，百科事典を開きます。

「柱」は，開いた両ページの上部の両端にあります。ことがらから，ことがらまでの言葉が書かれているので，必要としていることがらは，前のページなのか後ろのページなのかを判断し，ページをめくることができます。

そうして，必要としている項目にたどり着きます。

> 図書館用語　ミニ知識
> 　百科事典は，全部で10冊ありますとは言いません。全体を1冊ととらえ，便宜上分けたそれぞれを，1巻，2巻と呼びます。
> 　例えば，「5巻を持ってきましょう」と，子供に指示を出します。

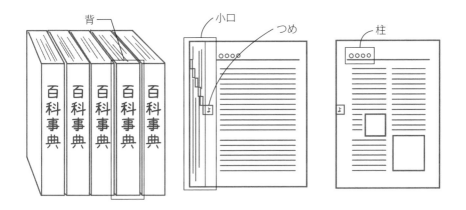

背・つめ・柱の順で，項目に行き着く引き方

＊小中学生用の百科事典として，『総合百科事典ポプラディア』（ポプラ社），小学校低学年の子供から使える1冊の百科事典として，『21世紀こども百科』（小学館）などが出版されています。

索引を使って引く

　数巻ある百科事典の場合，最後の一巻を索引としているものをよく見かけます。百科事典も，もちろん索引を使って引くことができます。

必要な情報の見つけ方を学ぶ（3）
年鑑

目次・索引を使って図鑑を使う，背・つめ・柱の順で百科事典を引く，この二つは，これから，子供が何かを調べるときに概要や定義を把握する上で，大切なスキルであることがわかりました。いずれも小学校3年生頃が適切と知ったので，中学年の先生方と相談しながら進めていきます。百科事典を整理していたら，近くに，年鑑などの統計資料がありました。これは，何年生からどのように使われるのですか？

年鑑は，小学校5年生以上，もちろん中学生も使います。
しかし，これも，置いてあるだけでは使われません。使い方を学ぶ機会が必要です。

出版されている年鑑

　子供が容易に使える年鑑として，朝日新聞出版生活文化編集部が，毎年3月に発行しているのが，
『朝日ジュニア学習年鑑』です。他にも，
『データブックオブ・ザ・ワールド』
（二宮書店編集部）
『日本のすがた』（矢野恒太記念会）
　なども，毎年発行されています。

年鑑の魅力を実感する授業の紹介

　小学校5年生以降になると，社会科（中学では地理）や総合的な学習の時間において，自分の考えの根拠として，データを用いる場が増えてきます。しかし，毎年のデータが掲載されている年鑑は表やグラフが多いため，算数・数学の延長線としての印象を受けやすく，得意でない子供は敬遠しがちです。

　そこで，自分の生活に近い数値をとりあげ，数値のもつ意味をイメージする学習から入るのが効果的です。例えば，人口をとりあげてみましょう。

　「東京都の人口は何人でしょうか」と課題の答えを見つけるときに，すぐに数値を調べようとしないで，まず「人口」を百科事典で引いてみます。人口とは，人の数です。東京都の人口は，どうやって数えるのでしょうか。

　百科事典には，国勢調査で調べると書かれています。百科事典でさらに国勢調査を調べると，5年に1回のペースで行われると書かれています。つまり，2015年や2010年に国勢調査が行われたことがわかります。2016年の7月に授業を行った場合，今年生まれた赤ちゃんや他県から転校してきた友達の家族は，東京都の人口には含まれていないことがイメージできます。

　このように，数字を扱うには，数字をイメージする過程を授業に組み入れると，数字のもつ意味を描くことができるようになり，数字だけの一人歩きを防ぐことができます。

　このようなイメージをもって，資料から東京都の人口を探してみます。図書館にある年鑑，個人もちの地図帳，東京都庁のHPなど，いくつかの情報源から人口を調べると，すべて数値が異なっていることに気づきます。いつ出された資料なのか，その資料の人口はどこからデータをもってきているのかなど，人口のように変化する数値を探すときの留意点が見えてくるのです。

　このように，分散されている新しい情報が一同に集められている年鑑の便利さを実感することを通して，関心のある他の数値にも目を向けることが可能になります。

必要な情報を自分の手元におく方法を学ぶ（1）
初期指導用情報カード

図鑑や百科事典，年鑑などを学校図書館に整備し，それらを授業で活用することを通して，知的好奇心が刺激されるのですね。
ふと，疑問に思ったのですが，このような本は自分のものではないので，返さねばなりません。集めた情報を手元に置くにはどのような指導すればいいのでしょうか。

もちろん，ノートに集めた情報を書いておけば，自分の手元に置いておくことができます。しかし，ノートだと，並び替えたり，抜き出したりすることができません。そこで，使われているのが「情報カード」です。情報カードには，記入しておきたい項目がたくさんあります。はじめから，多くの項目を記入するのは難しいので，スモールステップを設けました。ここでは，初期指導用情報カードの使い方を紹介します。なお，情報カードは，学校図書館に常備しておくと，校内の誰もが使えます。

情報カードに書くこと

　情報カードに，最低限書いておきたいことは三つあります。

　まず「問い」，次に「答え」，そして「情報源」です。初期指導で使用する情報カードの大きさは，A4用紙を4等分した程度で十分です。

問い
答え
情報源

　情報源の欄には，本の題名を書きます。これは，すぐにできます。しかし，子供が心に抱いている問いを言語化（文章化）できるようになるには，長い時間が必要です。情報カードの問いの欄に，問いを書かず「〜について」と

書く場合があります。「例：ザリガニについて」ならば，回答の範囲が広く，ザリガニに関することならば何を書いてもいいという調べ方です。そうではなく，問いと答えを正対させるためには，それなりの指導が必要になります。

　小学校に入ると，国語の授業で いつ , どこ , だれ , なに , なぜ , どんな （どのような）という疑問詞を使ったやり取りを学びます。学んだからといって，これらを使って，自分が疑問に思ったことに沿うように文章化できるようにはなりません。国語，生活，社会科，理科，総合的な学習の時間の中で，自分の疑問を問いの文にするという活動の積み重ねが必要になります。

　幸い，小学校低学年の子供は集めることが大好きです。生活科の学習では，植物の育て方や生き物の飼い方などを調べる機会があります。「はじめて知った」「へえ！と思った」ことに出合ったら，情報カードの答えの欄に書いておきます。情報源には調べた本の題名を書いておきます。問いの欄はしばらく空欄で構いません。このようにして，情報カードを集めていきます。

　小学校2年生の後半，または3年生になったら，疑問詞を使って自分が書いた答えに対する問いの文をつくってみます。

例）ザリガニのすみかを作るときは，**かくれるところをよういしてあげる。**
　　→（問い）ザリガニのおうちを作るときには，**何をよういしたらいいのか。**
　　カエルのすみかを作るときは，**カエルが上がれるように砂をいれておく。**
　　→（問い）カエルのすみかを作るときは，**何に気をつけたらいいのか。**

　適切な問いの文が浮かばないときは，もちろん空欄で構いません。また，「〜を知りたかったのね」と，大人が子供の問いを文章化したり，子供同士で問いの文を作りあったりすることを通して，問いと答えが徐々につながるようになってきます。

　慣れてくると，問いから先に情報カードに書くようになります。問いが浮かぶようになった証拠です。そうなったら初期指導の情報カードは終了です。

必要な情報を自分の手元におく方法を学ぶ（2）
情報カード

情報カードの初期指導において，問いと答えを正対させることが大切であり，なおかつ子供ができるようになるには，時間がかかることがわかりました。これができるようになったら，次はどういう指導が必要であり，学校図書館にはどういう情報カードを置いたらいいのでしょうか。

情報カードが集まったら，次は，それらを整理・分析し自分の考えをつくる段階に入ります。その際，自分の考えをつくるときに役立つような情報カードにしておく必要があります。初期指導後に何を加えることで，より役立つ情報カードになるのでしょうか。

より役立つ精度の高い情報カード

問いと答えが正対できるようになったら，
- → 再度調べたいときに役立つように，参考にした資料を書く。
- → 発表資料を作成するときに他の人の考えを用いるには，要約や引用という約束に則って自分の考えを述べる。そのときに役立つように，情報収集時に要約と引用を意識的に区別して調べたこと（答え）を書いておく。
- → 情報収集時に感じた感想や疑問を残しておく。
- → 情報カードが書けるようになったら，答えの中からキーワードを抜き出し，付箋に書いて貼っておく。整理・分析したいときに，付箋ならば別の紙に移し，キーワードとキーワードを矢印で繋いだり線で囲ったりして，関係づけることができる。

＊次のページの情報カードは拡大して印刷し，校内で使用しても構いません。

情報カード

月（がつ）　日（にち）　（　　　　　　　　　　　）

1 知りたいこと（問い）	
2 調べたこと（答え） どちらかに○をつけよう 要約（ようやく）（まとめる） 引用（いんよう）（そのまま）	
3 参考資料（さんこうしりょう）	書名（しょめい） 著者名（ちょしゃめい） （書いた人） 発行所名（はっこうしょめい） （本を出したところ） 発行年（はっこうねん） （本が出た年）
4 感想や疑問	

学校図書館の環境整備―情報収集しやすい図書館をつくるために―

授業と図書館をつなぐ（1）
授業ができる環境づくり

司書教諭として，図書館を授業で活用してもらえることは，大きな喜びです。授業で使いやすくするために，これから，どんなことができるのかを考えていきたいと思っています。アドバイスがあったらお願いします。

授業と図書館をつなげるときに，二つの視点があります。一つは，他にはない学校図書館の特徴を生かすという視点，一つは，教室の延長線上としての図書館で授業をするという視点です。

他にはない学校図書館の特徴を生かすという視点

　学校は，教室で授業をするのが基本です。しかし，特別教室や屋外などの方が，より効果的な場合は授業の場を移します。学校図書館も同じです。
　では，どういうときに，学校図書館を活用したほうがよいと教員は判断するのでしょうか。
　まず，問いを解決する授業が行われ，その中で図書館資料を活用する学習活動を設定した場合が考えられます。
　図書館資料のうち，図鑑，百科事典，年鑑，授業に関する本，ファイル資料（p.78－79参照）のうち，何を使うのかについては，学校司書と打ち合わせをしておくと，より授業時間を効果的に使うことができます。他の学級が先に使用中，または，図書館に子供分の机椅子が図書館に揃っていないなどの理由で授業ができないときは，図書館資料をすべて教室に移動するという活用の仕方も考えられます。
　復習したり，例示したり，確認したりするときに，図書館の掲示は役立ち

ます。情報カードの書き方の例，百科事典の引き方の手順，NDC や請求記号の意味などを示した掲示物はよく使われています。

　次に，国語科において，読書活動を設定した場合が考えられます。
・授業の導入で，読み聞かせを行いたい。
・落語の学習のあと，子供が落語の本を選び，読む時間を設定したい。
というように，授業での指導内容と読書活動をつなげたいときは，図書館へ移動して授業を行ったほうがいいと判断します。

　このように見ていくと，図書館資料を充実することと教員に紹介すること，それらを活用するための掲示物の整備は，司書教諭が力を入れていく必要があることがわかります。

　図書館資料を知り尽くしている学校司書は，それらを使ってどのように調べたらいいのか，どのように本を選んだらいいのかなどを示唆してくれます。これをレファレンスといい，学校司書の業務の一つです。図書館資料に詳しい学校司書の存在は，司書教諭にとって大きな力となります。

教室の延長線上としての図書館で授業をするという視点

　学校図書館で図書館資料を活用した授業を行いたいと思っても，机椅子が子供の分揃っていなかったり，ホワイトボードがなかったりすると，授業ができません。つまり，学校図書館において，教室の延長線上としての学習環境の整備は，必要であるということです。

　机椅子，ホワイトボードの他に，教室で実物投影機を使っていたら学校図書館でもほしいはずです。ICT 環境が教室で整っていたとしたら，学校図書館でも整備する方向で検討する必要があるでしょう。

授業と図書館をつなぐ（2）

10 授業を助ける道具や教材の用意

教室でできることが学校図書館でもできたらいいなという気持ちは，よくわかります。図書館で授業をするとき，意外とないものが多いのです。教室での授業をイメージすると，さらに必要なことが浮かんできます。

そうです。実は，細かい道具が揃っているのかも，教室の延長線上の授業をするときに，大切なポイントになります。
リストアップしておきますので，揃えるときの参考にしてください。

教員が板書をするときに必要な道具

まず，板書をするという視点から，必要な道具を考えてみます。

☐チョーク，またはペン

　いずれも複数色必要です。

☐黒板消し，または，クリーナー

　汚れ易いので清掃時にきれいにします。

　これらを複数の教員が使うことになりますので，置き場を一定にし，定期的に補充するようにします。

☐マグネット，棒磁石，丸磁石

　両方を用意します。

☐定規

　直線を引くときに使用します。

☐めあて，振り返りなど，授業で必ず板書する用語の掲示物

　これらは，黒板やホワイトボードの定位置に，常に貼り付けておくと使い勝手がよく，紛失しにくくなります。

子供が学ぶときに必要な道具

　学校図書館の机は，大きな机であることが多いため，グループ活動に適しています。グループ活動時に必要な道具も，常備しておくと便利です。
　□グループで話し合うときに使うホワートボード，ペン，クリーナー
　□付箋
　□シンキングツール　（p.76－77参照）
　□画用紙　　いくつかのサイズ，複数の色を用意しておきます。
　□水性マジック　複数色
　□Ａ４サイズのコピー用紙
　これらも，準備と片付けがしやすいように，一箇所にまとめておきます。

子供が学ぶときに必要な教材

　子供は授業中，「ちょっと確認したいな」と思うときがあります。学校図書館は全学年が使いますので，次のようなものを子供が見やすいところに貼っておくと，役立ちます。
　□日本地図，世界地図
　　国や，都道府県の位置を確認するときに使います。
　□50音一覧表，ローマ字一覧表
　　索引を使うときに50音を確認したくなります。
　　キーボードを打つときに使うため大文字が必要です。
　□ＮＤＣ分類表
　□請求記号の読み方を示した図

なぜ，このような道具や教材が必要なのかがわかりました。たしかに，教室で授業を行うときには，当たり前のように使っているものばかりです。

11 授業と図書館をつなぐ（3） シンキングツールの常備

情報を収集したあと，集めた情報を整理・分析している授業を見ました。そのときに，シンキングツールを使っていました。頭の中で考えていることが，見えるので便利だなと思いました。

調べたあと，整理・分析して自分の考えをつくるときに，シンキングツールは役立ちます。可視化，操作化，共有化できるので，便利です。しかし，シンキングツールはあくまでもツールです。何のためにシンキングツールを使うのかが念頭にあれば，必要に応じてツールを選ぶことができます。調べたあと整理・分析できるようにシンキングツールは，学校図書館に常備したいですね。

比較して（比べて）考えるときに

　社会科の授業で，「北海道と沖縄を比較する」ときには，観点ごとにそれぞれの特徴を抜き出すことができるマトリックス表が便利です。

　国語の授業で，「はたらくくるまを比べる」ときには，消防自動車とバスの同じところと違うところの両方を見つけて書くことができるベン図が便利です。このように，比較して考えるときに，マトリックス表やベン図というシンキングツールを使います。

	北海道	沖縄
気候		
地形		
特産品		

マトリックス表の例

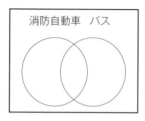

ベン図の例

シンキングツールの置き方の例

分類して(なかま分けして)考えるときに

　情報をたくさん集めれば集めるほど,収集がつかなくなります。そこで,似ているものを集める,つまり類に分けると見やすくなります。これを分類するといいます。分類したらタイトルをつけると,そこにはどんな情報が集められているのかがわかります。分類の仕方は何通りもあります。どんな観点で分類するのかにより,そこから見出される自分の考えが異なってきます。分類するときは,付箋やカードがよく使われます。

関係づけて(つなげて)考えるときに

　「庄内平野はなぜ米作りが盛んなのか」「静岡県はなぜお茶作りが盛んなのか」「松江市はなぜ和菓子作りが盛んなのか」という問いを解決するために,図書館資料を活用した情報収集がよく行われています。

　子供の手元にある複数枚の情報カードを見ると,気候,地形,歴史など,多様な観点から調べていることがわかります。そもそも,地域の特産物になりうるまでには,いくつかの理由(もしくは,条件)がつながりあっているものです。調べた個々の理由を羅列し述べただけでは,問いを解決したことにはなりません。

　そこで,個々の結果を関係づけて(つなげて)考える必要が出てきます。つながりが目に見えるようにするために,シンキングツールがあると便利です。このようなときに使われるシンキングツールが,コンセプトマップです。コンセプトマップは,情報カードの結果からキーワードを抜き出し,それらをB4サイズの用紙に貼ります。キーワードとキーワードを線で結び,線上にはつなげた理由を文字で記しておきます。また,キーワードとキーワードを輪で囲んだりもします。このように,複数のキーワードのつながりをもとに,なぜ盛んなのかという問いに対する自分の考えを導きだします。

授業と図書館をつなぐ(4)
12 ファイル資料で情報提供

社会科や総合的な学習の時間で地域のことを調べます。そのときにはきまって，資料不足になります。地域のことは，本には書かれていないので，パンフレットやちらしを集めたのですが，資料の大きさが違う，すぐに破損してしまうなどの理由で，うまく整理して，子供に提供できません。パンフレットなどを整理した「ファイル資料」が必要なのはわかるのですが，どのようにして整理・保管したらいいのでようか。

これは，どこの学校図書館でも重要な問題です。考えねばならないことは，使い勝手のよさです。誰にとってなのかというと，授業を行う教員，調べる子供，揃える司書教諭や学校司書のすべてです。

使い勝手のよいファイル資料とは

●授業を行う教員にとって
　・複数の子供が，同時に調べられる
　・調べた後の片付けが，簡単にできる
　・子供が扱っても，破損しにくい

●調べる子供にとって
　・手に取りやすい場所に，置かれている
　・どんな情報を得られるのかが，一目でわかる
　・いつ，だれがつくった情報なのかがわかる
　・形式が揃っている

●揃える司書教諭や学校司書にとって
　・追加や削除が簡単にできる

ファイル資料の作成例

　左記のような条件を洗い出し，試行錯誤した末に筆者が採用しているのは，Ａ４サイズの30穴のバインダーと，それに追加していくクリアリーフの組み合わせで，整理する方法です。

①テーマごとにバインダーを用意し，背表紙をつける

　背表紙の色は，図書の分類と同じ色にすると，何類の情報なのかが一目でわかります。類をまたぐ場合は，色をつけません。

②１枚のクリアリーフに一つの資料を入れる

　集めた資料は，新聞の切り抜き，パンフレット，ちらしなど，形式が様々ですが，クリアリーフに入れることで，一定のサイズになります。小さいものは，Ａ４用紙に貼るなどして，クリアリーフの中で動かないようにします。いつの情報かが一目でわかるように，日付と学校名を入れたスタンプを利用します。

③バインダーに，クリアリーフを時系列に収める

④目次を作成する

＊授業で使用するときは，バインダーに収められているクリアリーフをばらばらにして，子供に渡すことができます。片付けは，スタンプの日付を見て時系列に並べます。

授業と図書館をつなぐ（5）
新しい情報の提供

子供は，日常世の中のニュースを目にしています。また，すぐ，パソコンやスマホで調べるのは，大人の私と同じです。司書教諭として子供に新しい情報を提供したいと考え，まずは，図書館に新聞を置いたのですが，手に取る子供はほとんどいません。どうしてでしょうか。

子供が手に取るということは，興味があることが前提です。興味がなければ，素通りします。大人も同じです。その一方で，そもそも，知識に出合わなければ，興味のもちようがありません。子供の心が動くような知識をいかに提供するのか，ここを切り口にあき先生の問いを解決しましょう。

子供の心を動かすには

「自動で走る車の開発が進む」という新聞の見出しを見たときに，興味のある子供は，読み進めていきます。しかし，車に興味ない子は，見出しを見ただけでそれ以上読もうとはしません。

そこで，新聞記事（次ページのワークシート通信参照）を配布後，「自動で走る車に乗ってみたい？」と投げかけます。乗ってみたいという子と乗ってみたくないという子がいます。迷っている，わからないという子もいます。その理由をグループの友達に尋ねたり，自分の理由を話したりする活動を取り入れます。自分ごとにするだけで，その理由を言うことができ，友達が自分と異なる考え方をしている友達がいることも知ります。

このようにして，自分の気持ちを言葉にした後，ワークシート通信の問い

の言葉を参照したり，自分で記事を読んだりしながら，問いを探します。もちろん，全部を読まなくても問いを見つけることができます。

・コンピュータに任せるのは，どのような運転のそうさなのか
・コンピュータが運転するときに，車の何が目や耳の役割をするのか
・コンピュータが運転すると，どんないいことや問題点があるのか

読売ワークシート通信 2016 年 5 月 18 日

新聞社によっては，新聞記事そのままでは読みにくいので，独自で子供用のワークシート通信を作成し配信しているところもあります。ホームページからのダウンロードや登録するとメールに添付して定期的に送付するサービスも行っています。NIE で検索をすると，HP には，教育に新聞を生かす情報提供や各新聞社へのリンクなどがあります。

新しい情報の掲示や展示

新しい情報が図書館にあるということは，図書館の展示や掲示が変化するということです。変化に子供は目がいきます。そこでのメッセージに，ぜひと工夫してみましょう。右の掲示は，比較を促しています。

このような一手間が，子どもの心を動かすのです。

コラム

授業で使った本のリスト作成

　授業で使った本をリスト化しておくと，次年度から授業前の準備が簡単になります。必要な本を追加購入するときにも役立ちます。蓄積されたリストをもとに誰でも単元に合わせて必要な本を選ぶことができます。

　エクセルで作成した表の例を以下に示しましたので，参考にしてください。授業で使う本をブックトラックやコンテナに入れて図書館から教室などへ移動したときに，リストがあるとどの本が動いたのかを確認できます。

	学年	教科		単元名	
	3年	社会		昔のくらし	
	NDC	書名・シリーズ名	出版社	出版年	キーワード
1	382	ポプラディア情報館 昔のくらし	ポプラ社	2005	衣食住，遊び，学校，乗り物
2	382	くらべてみよう！昭和のくらし ①家族	学習研究社	2009	家族
3	382	くらべてみよう！昭和のくらし ②学校・遊び	学習研究社	2009	学校，遊び
4	382	くらべてみよう！昭和のくらし ③生活	学習研究社	2009	生活
5	382	くらべてみよう！昭和のくらし ④社会	学習研究社	2009	社会
6	382	くらべてみよう！昭和のくらし ⑤流行	学習研究社	2009	流行
7	383	昔のくらしの道具事典	岩崎書店	2004	道具
8	384	父さんの小さかったとき	福音館書店	1988	衣食住，学校，遊び
9	384	母さんの小さかったとき	福音館書店	1988	衣食住，学校，遊び

貸出日（　　　）返却日（　　　）／貸出日（　　　）返却日（　　　）

3章 読書の場としての図書館づくり
―読書活動の充実のために―

　読書の歴史は深く，読書に関する書籍は数多く出版されています。
　当然のことながら，読書にかかわっているのは，司書教諭だけではありません。
　出版社・公共図書館・書店・作家・司書……など，本を扱う場所や人，知識・想像力・語彙……など，読書と関係のありそうな用語，このように書き出せばきりがありません。また，読書を趣味としている人も世の中にはたくさんいます。ですから，読書に対する意見は，多種多様です。

　本章では，学校の先生向けに，小中学校の学習指導要領（平成20年3月28日告示）における読書にかかわる文言からひもといてみようと思っています。

1 学習指導要領における読書の位置づけ

小・中学習指導要領の総則（平成20年3月・平成21年3月）では、小中学校ともに「読書指導」に加えて「読書活動」という用語が使われています。
また、『幼稚園・小学校・中学校・高等学校及び特別支援学校の学習指導要領等の改善及び必要な方策について（答申）』（平成27年12月中央教育審議会）においても「読書活動」という用語が使われており、国語では、具体的な改善事項の中の教育内容の見直しの一つに「読書活動」が取り上げられています。

　読書は、多くの語彙や多様な表現を通して様々な世界に触れ、これを擬似的に体験したり知識を獲得したりして、新たな考え方に出合うことを可能にする。このため、読書は、国語科で育成を目指す資質・能力をより高める<u>重要な活動</u>の一つである。自ら進んで読書をし、読書を通して人生を豊かにしようとする態度を養うために、国語科の学習が<u>読書活動に結び付く</u>よう小・中・高等学校を通じて読書指導を改善・充実するとともに、教育課程外の時間においても、<u>全校一斉の読書活動</u>など子供たちに読書をする習慣が身に付くような取組を推進する必要がある。
　特に、小学校低学年の学力差の大きな背景に語彙の量と質の違いがあるとの指摘がなされている。また、考えを形成し深める力を身に付ける上で、思考を深めたり活性化させたりしていくための語彙を豊かにすることが必要である。小学校低学年で表れた学力差が、その後の学力差の拡大に大きく影響していることを踏まえると、語彙量を増やしたり語彙力を伸ばしたりする指導の改善・充実が重要であるが、そのためにも<u>読書活動の充実</u>を図る必要がある。（下線は筆者）
『幼稚園・小学校・中学校・高等学校及び特別支援学校の学習指導要領等の改善及び必要な方策について（答申）』（129ページより）（2016.12.21中央教育審議会）

読書については，小・中学習指導要領の総則と国語（平成20年３月・平成21年３月）において，以下のように書かれています。

　まず，学習指導要領には，総則があります。すべての教育課程に関係する事項が，総則に書かれています。総則から，読書に関するところを，以下のように抜粋してみました（下線は筆者）。

【総則】
（小学校）
　第４　指導計画の作成等に当たって配慮すべき事項
　２．以上のほか，次の事項に配慮するものとする。
⑽　学校図書館を計画的に利用しその機能の活用を図り，児童の主体的，意欲的な学習活動や<u>読書活動</u>を充実すること。
（中学校）
　第４　指導計画の作成等に当たって配慮すべき事項
　２．以上のほか，次の事項に配慮するものとする。
⑾　学校図書館を計画的に利用しその機能の活用を図り，生徒の主体的，意欲的な学習活動や<u>読書活動</u>を充実すること。

　次に，小・中学習指導要領（平成20年３月・平成21年３月）の国語の目標から読書に関するところを抜粋してみました。

【国語】
（小学校）
第２　各学年の目標及び内容
１　目標
〔第１学年及び第２学年〕
　(3)　書かれている事柄の順序や場面の様子などに気付いたり，想像を広げたりしながら読む能力を身に付けさせるとともに，<u>楽しんで読書しようとする態度を育てる</u>。

〔第3学年及び第4学年〕
（3） 目的に応じ，内容の中心をとらえたり段落相互の関係を考えたりしながら読む能力を身に付けさせるとともに，幅広く読書しようとする態度を育てる。
〔第5学年及び第6学年〕
（3） 目的に応じ，内容や要旨をとらえながら読む能力を身に付けさせるとともに，読書を通して考えを広げたり深めたりしようとする態度を育てる。

（中学校）
第2 各学年の目標及び内容
1 目標
〔第1学年〕
（3） 目的や意図に応じ，様々な本や文章などを読み，内容や要旨を的確にとらえる能力を身に付けさせるとともに，読書を通してものの見方や考え方を広げようとする態度を育てる。
〔第3学年〕
（3） 目的や意図に応じ，文章の展開や表現の仕方などを評価しながら読む能力を身に付けさせるとともに，読書を通して自己を向上させようとする態度を育てる。

　国語の目標の3番目に読書に関する記述があり，いずれも文末は，「態度を育てる」となっています。

目標が見えてきたら，目標に到達するための指導計画を立案します。学習指導要領の各教科には，指導計画の作成にあたっての配慮事項も書かれています。小学校の国語を見てみましょう（下線筆者）。

第3 指導計画の作成と内容の取扱い
　1．指導計画の作成に当たっては，次の事項に配慮するものとする。
（5） 第2の各学年の内容の「C 読むこと」に関する指導については，読書意欲を高め，日常生活において読書活動を活発に行うようにするとともに，他の教科における読書の指導や学校図書館における指導との関連を考えて行うこと。学校図

書館の利用に際しては，本の題名や種類などに注目したり，索引を利用して検索をしたりするなどにより，必要な本や資料を選ぶことができるように指導すること。なお，<u>児童の読む図書については，人間形成のため幅広く，偏りがないように配慮して選定すること。</u>

　司書教諭の立場から読書をとらえるときに必要な視点を，学習指導要領の読書に関する記述をもとにまとめてみました。
　　・主体的，意欲的な読書活動とすること
　　・全教育課程を視野に入れること
　　・国語の各学年の読書に関する目標を把握し，系統を意識すること
　　・国語「読むこと」の指導では，日常生活においても活発に読書を行うような配慮がいること
　　・国語「読むこと」の指導では，他の教科における読書の指導との関連を考えて行うような配慮がいること
　　・これらをもとに，幅広く，偏りのない選書をすること
　では，見方を変えて，読書はどのような時間に行われているのでしょうか。
　　・国語の**授業時間**において，本を読む
　　・各教科等の**授業時間**において，本や新聞などを読む
　　・**朝読書などの時間**に，本を読む　（全校一斉）
　　・休み時間など，授業時間外の**自由時間**に，本を読む
　　・家庭での**自由時間**に，本を読む

　このように，読書の時間は，授業時間，朝読書などの時間，子ども自由時間の三つに分けることができます。そこで，これから，次の三つに分けて，読書センターとしての機能を充実していくにはどうしたらいのかを考えていきたいと思います。
　　・授業時間における読書と，司書教諭はどう関わるのか
　　・朝読書などの時間における読書と，司書教諭はどう関わるのか
　　・子供の自由時間における読書と，司書教諭はどう関わるのか

授業時間における読書と司書教諭はどう関わるのか（1）
国語

国語の教科書に，本の表紙がたくさん掲載されています。これらは，すでに昨年度の司書教諭が，購入済みです。学校図書館に本はあると思うのですが，国語の授業で活用できるようにするには，どのように置いたらいいのでしょうか。

この問いには，いくつかの小さい問いが含まれています。それを整理しながら，答えていきましょう。

国語における並行読書

　国語の授業では，並行読書という用語が使われています。

　国語の説明文や物語文では，読み方を学びます。また，国語では，詩，短歌，俳句，神話，落語など，様々な形式の作品に出合います。

　授業で落語に出合ったら，他の落語にも親しむ。
　授業で神話に出合ったら，他の神話にも親しむ。
　授業で宮沢賢治の物語を学んだら，他の賢治の作品も読む。
　授業でドイツの物語を学んだら，他のドイツの作品も読む。
　授業で情景描写の読み方を学んだら，情景描写の多い他の作品も読む。
　授業で芥川龍之介文学を学んだら，龍之介と同じ時代の作品も読む。
　授業で平和についての説明文を学んだら，平和に関する他の作品も読む。

　このように，国語の授業の学びに並行して行う読書活動を総称して，並行読書と言います。並行読書では自分で本を選びますので，主体的，意欲的な読書活動となります。日常生活の活発な読書を促すことにもつながります。

並行読書に使う本を別置する

　学校図書館の本は，日本十進分類法で分類されています。国語の授業で，「芥川龍之介と同じ時代の作品にも親しむ」という読書活動を行いたいときには，図書館から関係の本を探し出す必要があります。その都度，学校司書にお願いしたり，自分で探し出したりしてもいいのですが，かなりの手間暇がかかります。そこで，詩の本，落語の本，神話の本，宮澤賢治の本というように，関係の本を一箇所に集めておくと便利です。これを別置といいます。
　別置というのは，あくまでも暫定的な置き方ですので，単元が終了したらもとに戻します。その一方で，「授業で使用する本」というコーナーを作り，そこへ関係の本を別置している学校もあります。教員が授業の準備のときにどんな本があるのか把握しやすいことが大きな理由です。どの方法をとるのかについては，本が何冊あるのか，本がどのように使われているのか，授業がどのように行われているのかなどをもとに，学校司書と相談して決めるようにします。

並行読書として授業の中でできる読書技法

　「授業で宮沢賢治の物語を学んだら，他の賢治の作品も読む」といっても，自分で読む以外に，方法は次のようにいくつもあります。

- ・読み聞かせを聞く
- ・ブックトークを行う
- ・リテラチャーサークルを行う
- ・登場人物図鑑を作って，本を紹介する
- ・アニマシオンを行う
- ・ビブリオバトルを行う

これらの読書技法は，それぞれ一長一短があります。司書教諭は，教員が子供の実態や蔵書数などに合わせて適切な方法を選べるように，長所や留意点を把握しておきましょう（具体的にはp.96−111参照）。

授業時間における読書と司書教諭はどう関わるのか（2）
各教科等

国語の授業で行われる読書活動に，司書教諭がどう関わるのかについては，わかりました。でも，他の教科で行われる読書活動については，イメージができません。

いま，あき先生は物語や小説をイメージしたと思います。
実は，教科の学びとつなげて，科学や数学の本，地理や歴史の本，伝記，さらには，新聞や雑誌を読むことも各教科等における読書活動です。教科の学習とつながる読書活動というと，イメージが湧いてきませんか。

教科の学習とつながる読書活動

例えば，

- 音楽の授業で，教員が作曲家の**伝記を先生が紹介**した後，子供が**伝記を読む**という読書活動を設定する。
- 社会科の工業の導入時に，自動で走る車の開発に関する**新聞の記事を読む**ことを通して，自動車産業への興味を促す。
- 理科の植物のつくりとはたらきの授業の導入時に，縄文杉の絵本の**読み聞かせ**を行い，植物の成長と水との関係をイメージさせる。

いずれも，情報を収集するため（調べるため，または問いの答えを探すため）に読むというよりは，関心をもたせるために読み聞かせをする，自分が知りたいから読むという方法です。つまり，興味・関心と大きくかかわっているのです。

教科の学習とつながる本の展示

　調べるときには,すでに知りたいことが決まっていたり,問いをもっていたりします。そうなるためには,基本的な知識があったり,その事実を知っていたりすることが前提です。全く知らないことに対しては,知りたいことや問いは生まれてきません。

　しかしながら,子供の興味関心や知識の間口は狭いため,知らないことが山のようにあります。そこで,学校図書館では,教科の進度に合わせて,子供の目につく場所にコーナーをつくり,関係する本を展示するという工夫をしています。

　司書教諭(もしくは学校司書)が教科の進度を知っていると,タイムリーに展示ができます。学校図書館に教科書や図書館教育年間計画(p.24－27参照)があると,教科の進度に合わせて,適切な本を展示しやすくなります。

　展示するときには,調べるための本だけに特化するのではなく,興味関心を促すために,最新の情報が載っている新聞や雑誌を置いたり,ときには実物を置いたりすることも必要です。

　子供は,変化にすぐ気づき,そこに立ち寄り,手に取ります。常に変化のある展示コーナーは,子供が未知のことに好奇心を抱くきっかけとなります。

　ぜひ,チャレンジしてみてください。

教科の学習とつながる展示例

4 朝読書の時間における読書と司書教諭はどう関わるのか

朝読書がある日の朝の学校図書館は，本を借りに来る子供でにぎわっています。司書教諭の職務に就いていると，朝読書は，「これからもずっと大事にしていきたい」と思います。

全国学校図書館協議会は毎日新聞社と共同で，全国の小・中・高等学校の児童生徒の読書状況について毎年調査を行っています。2015年で第61回となる長期にわたる調査です。この調査では，5月1か月間に読んだ本が0冊の生徒を「不読者」と呼んでいます。
以下の表は，過去31回分の不読者の推移を示しています（全国学校図書館協議会のHPより引用）。

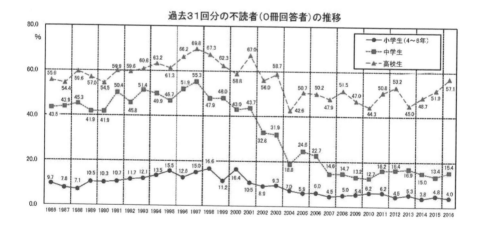

不読者が急激に減っている時期があります。調査を行っている毎日新聞社では，自社のHP（http://macs.mainichi.co.jp/space/web/041/data.html）において，第58回調査結果を紹介しながら，減っている理由として，次の2点をあげています。

・各学校での読書教育の普及・推進（朝読書の実践校の拡大）**(読む時間)**
・ハリーポッターなど，エンターテイメント性が高く，シリーズになっている作品の登場**(読みたい本)**

　現在では，朝読書という言葉は多くの人が知るところとなりました。朝の読書推進協議会では，
　①みんなでやる
　②毎日やる
　③好きな本でよい
　④ただ読むだけ
という朝読書4原則を示していることから，朝読書の時間では，読みたいと思う本を読むことが前提となっています。そのため，自分で購入した本，公共図書館で借りた本を読んでいる子供もいます。朝読書の時間は，子供が読む本を，学校図書館の蔵書だけとは限っていません。

　だからこそ，「**読みたい本がある**」「**読む時間がある**」，この二つは，司書教諭が各学級で行われる朝読書を推進していく上で，心に留めておく必要があります。

　読みたい本については，子供に読ませたい本とのバランスを意識しながら，
　・リクエストを受付，検討した上で購入する。
　・本の情報を発信（友達から，教員から，司書から）する。
　・新刊本の紹介する。
　・物語や小説と，知識の本の両方の読書ができるように選書する。

　読む時間については，今後も朝読書の時間が保証されるとは限らないので，
　・朝読書の重要性（または，現状）を職員会議等で発信する。

先生からの紹介本

5 子供の自由時間における読書と司書教諭はどう関わるのか

「国語で行われている並行読書に関わる」という意識がないと，好きな本を読んでいればそれでいいと思いがちです。
「授業時間や朝読書の時間に関わる」という意識がないと，子供の好奇心をかきたてる本の展示をしたいという気持ちが湧いてきません。司書教諭の職務は教育課程のすべてに関わっているこという意味が少しだけですが，わかってきました。
さらに驚いたのは，休み時間や家庭での自由時間をもイメージする必要があることです。たしかに，子供が学校図書館で借りた本を読むのは，授業時間や朝読書の時間だけではありません。自由時間でも，読書をしています。「自由時間における読書に司書教諭がどう関わるのか」というテーマが，ようやく自分ごとになってきました。

今後，学校を卒業してからも含めて，子供が自身の読書生活をどうデザインしていくのかを視野に入れていく必要があります。

読書が与えてくれたこと

　筆者は，2015年，60名の教員志望の大学生を対象に，「小中高校時代を振り返り，読書はあなたに何を与えてくれたと考えますか」と問い，自由記述で回答するという調査を行いました。複数回答は可能とし，その場合は当てはまる順に番号を振ることとしました。また，同じような意味で使われている言葉は一つにまとめました。
　1番の番号を振ったものを集計した結果は次の通りです。

・知識　　　　　20人　　・想像力　　　18人

・楽しみ　　　　　6人　・多様な視点　　　6人
・自分に向かう力　3人　・夢，希望　　　　2人
・その他　　　　　5人

　限定された環境での調査でしたが，知識と想像力と回答している学生が大半を占めていました。司書教諭が子供の自由時間に関わるときには，知識と心情の両面を意識する必要があることはもとより，楽しみ，多様な視点といった少数派の意見も心に留めておきたいと考えています。

本を媒体にして子供と話ができる

　学校図書館へ本を借りにやってくる子供に，司書教諭は出合うことができます。そのとき，「先生，おもしろい本ありますか？」とよく尋ねられます。しかしながら，子供が抱く「おもしろい」のイメージは千差万別です。それぞれの好みや好奇心に対応できたらいいなと思うのですが，それは容易なことではありません。でも，尋ねられたときには，1冊ではなく，ちょっとしたエピソードを添えて3・4冊を紹介するように心がけてきました。子供が選ぶということを大切にしたかったからです。

　そのとき，「どんな分野が好き？」と語りかけるのではなく，「どんな本を読んでいるの？」という表現にすると，子供が答えやすいだけでなく，紹介したい本を子供の興味関心に合わせて選ぶことができます。

　また，いつも本の内容を紹介できるとは限りませんので，著者のエピソード，最近のニュース，かつて話題になったこと，貸し出し頻度，web上の書評などを織り交ぜると，それらをもとに子供とコミュニケーションをとることができます。

　本の紹介はいつも大人から子供とは限りません。逆に子供から本を紹介してもらい，はまってしまったこともありました。「本を媒体にして子供と話ができる」，これは司書教諭の仕事の醍醐味でもあります。

並行読書の充実（1）
6 まずは，読み聞かせから

読み聞かせは，いつでも，どこでも，だれもが気軽にできる方法です。だからこそ，気をつけることがあるように思います。

並行読書として，授業の中でできる読書技法を，これからいくつか紹介していきます。そのうち，一番はじめに読み聞かせを選んだのには理由があります。読み聞かせが読書に含まれるのかというと一概に言い切れない部分もありますが，読書に親しむ前段階としてとらえ，積極的に行って欲しいと考えているからです。
読み聞かせは，国語における並行読書だけでなく，他の教科や朝読書の時間など，学校の教育活動全般において行われています。あき先生の言われる通り，気軽にでき，広く普及している方法だからです。ここでは，国語の並行読書を取り入れた単元計画を立案したとき，並行読書の一つとして読み聞かせを選んだ場合に限定して，司書教諭がどのようにかかわるのかについて，説明を進めていきたいと思っています。

単元の導入時やまとめのときに行う読み聞かせ

　読み聞かせの利点は，短い時間でできることです。授業時間は小学校45分，中学校50分です。その中で教科のねらいがあり，ねらいに沿った学習活動を設定しますので，あれもこれも組み入れることはできません。
　国語に限らず，どの教科でも，教員は事前に単元計画を立てます。そのとき，単元のねらいと子供の実態をもとに，教材を選び，全体の流れを組み立てます。それから，どのような導入にしようかと，あれこれ模索します。単元の内容と子供の興味関心が離れている場合は，導入時に子供を一つの土俵に乗せるような工夫が必要だからです。例えば，実際に体験したり，映像や

写真を見せたりします。そのときに，読み聞かせを行う場合があります。

　国語の教科書教材である説明文や物語文の導入時に行う読み聞かせの目的の例を紹介します。

・神話の読み聞かせ　　　　　→　神話という分野の本に慣れるため
・同じ作者の絵本の読み聞かせ　→　文体に慣れるため
・作者の伝記の読み聞かせ　　　→　著者を知るため

　単元のまとめでは，発展的な読書へと子供を誘うために，同じテーマの本や，原本を読むことがあります。同じ内容でも教科書で読むのと，原本を読んでもらうのでは，受ける印象が異なります。教科書では読み方に重点が置かれますが，原本では，丸ごと作品に浸ることができます。

　子供は教員が読み聞かせした本に興味をもちます。本を借りて，今度は自分で読もうともする子もいます。そのとき，パターンが一定である紙芝居，インパクトがある大型絵本などは，子供を引きつけるのに効果があります。計画的な購入をお勧めします。

読み聞かせをするときに気をつけたいこと

　読み聞かせする本には，物語と知識の本があることを認識することが大切です。物語は感情に働きかけ，知識の本は知的好奇心を揺さぶります。

　物語を読み聞かせした後，わざわざ感想を尋ねる必要はありません。子供は心で感じとっているからです。

　その一方で，知識を得たら（へえ～そうなんだ，初めて知った！と思ったら）人に伝えたくなります。読み聞かせ後のやり取りを行うことで知識が言語化されます。

7 絵本を使ったお話動物園

並行読書の充実（2）

お話動物園は，低学年の教室で行われているのを見たことがあります。どの子もとても集中していて，楽しそうに読んでいました。お話動物園を国語の並行読書として，どのように位置づけたらいいのでしょうか。

　お話動物園は，教室を動物園に見立てます。動物園には，ぞう，くま，ねずみなど，多くの動物がいますので，教室にそれぞれのコーナーを作ります。ぞうのコーナーにはぞうが主人公の絵本，くまのコーナーにはくまが主人公の絵本というように，絵本を集めておきます。

　子供の手元には，お話動物園動物ゲットカード（次ページ参照）があります。好きな絵本を読んだら，カードに記入をします。カードが全部うまったら，新しいカードをもらいます。お気に入りには，花マルをつけておき，その中から一つ選んで，気に入った理由をメモしておきます。

　お話動物園がオープンしている期間を定め（例えば２週間），期間中の朝の会や国語の時間のはじめに，どの動物がどんなことをしたお話なのかを説明する「紹介タイム」を設けます。

　お話動物園のねらいは，主人公の動物につられて絵本を読むことを通して，読む本の分野を広げることです。主人公を把握し，主人公がどんなことをしたお話なのかをとらえさせたいときに，物語文の単元に沿って「お話動物園」という並行読書を行うという単元デザインができあがります。

＊公共図書館の団体貸出制度を利用して必要な絵本を借りることができます。
＊動物ゲットカードは，コピーしてそのまま利用して構いません。

お話動物園　動物ゲットカード			
年　　　組　　　番（　　　　　　　　　　）			
No.	主人公の動物	本の名前	
1			
2			
3			
4			
5			
6			
7			
8			
9			
10			

お気に入りの本には，番号(ばんごう)に花マルをつけましょう。
気に入った理由(りゆう)をメモしておきましょう。

並行読書の充実（3）
8 登場人物図鑑

登場人物図鑑というタイトルから，本によく出てくる登場人物相関図をイメージします。絵を書くことが好きな子は，わくわくしながら取り組むだろうなと思います。その一方で絵が得意でない子については，手が止まる子もいるかもしれません。そんなときは，自分が下手な絵を描いて，例を示したらいいのかなと考えています。

登場人物図鑑ですから，登場人物が出てくる物語や小説向きです。物語や小説を読む上で，登場人物の関係を把握することは重要な要素です。登場人物図鑑を書いた後，登場人物の関係をもとに，本の紹介を行うこともできます。

手順は以下のとおりです。
①物語を読む（読み聞かせを聞く）。
②登場人物の絵を3人ほど書く。
③絵の下に性格を書く。
④登場人物間のつながりを線で示す。
⑤線上にコメントを書く。
⑥登場人物図鑑をもとに，本の紹介をする。

＊仕上がったら，次ページのように，掲示したり，綴じて1冊の本にしたりすることができます。

登場人物図鑑掲示例

関係付けたことを説明する

　登場人物図鑑作りを国語の並行読書において行うときには，物語を読んだ後に登場人物図鑑を書くという時間を設けた指導計画を立案します。絵本ならば，読む，書く，説明するまでを含めて１時間の中に収まりますが，長い本の場合は，読む時間と，書く・話す時間とを分けます。

　登場人物間の関係をとらえさせたいときや，関係づけたことを相手に説明させたいときに，この読書技法が効果的です。特に後者は，読書活動と言語活動をつなげて行う計画となりますので，時間配分や，何をねらいとした活動なのかという点に留意しましょう。

　関係づけたことを説明する機会は，国語以外の教科でも扱われます（p.77参照）。「関係づけたことを説明する」という言語活動を他の教科で扱うときに，国語において登場人物図鑑を用いて説明した体験が生きてきます。

並行読書の充実（4）
アニマシオン

 アニマシオンという言葉は聞いたことがありますが，体験したことはありません。

 アニマシオンは，読書の楽しさを伝えるとともに，読む力を引き出すために，スペインのモンセラ・サルト氏が開発した読書指導法のメソッドです（1970年代）。
アニマシオンには，75種類にまとめられた個々の手法があり，それらの手法は「作戦」と呼ばれています。
アニマシオンは，ラテン語のアニマ（魂・生命）を語源とし，人間の魂・生命を活性化するという意味が含まれています。

日本の読書の授業とアニマシオンの比較

	日本の読書の授業	アニマシオン
指導者	教師（先生）	アニマドーラ（男性） アニマドール（女性）
場所	教室	教室ではない場所 授業の場合は座り方をかえるなどの工夫をする
読書技術の体系化	日本では読書技術は，体系化されてこなかった	読書技術を遊びの形にして体系化している

アニマシオンの基本的な考え方と作戦例

- 読む力は，人間が本質的にもっているものではない。
- 読みたいという気持ちのない読み手が，読む力を身につけて発達させようとしても，苦しい努力を強いられるだけである。
- 読書は教養を身に付けるのに効果的な手段であると考えられてることから，教育者は読みたいという気持ちになるよう仕向けることを試みることが多い。
- 効果的な方法は，読書がもたらす喜びを発見させてくれるよう，感受性を呼び覚ますことである。
- 感受性は，まわりと接しながら身につけていくものである。

(引用文献『読書へのアニマシオン75の作戦』，M・M・サルト著，柏書房)

〈ダウトを探せ〉	〈この本をすきなわけ知っていますか〉
・集中して聞く ・本当にどうなのかと考えながら聞く → 言葉を鵜呑みにしなくなる習慣が身につく → 問いをもちながら読むことができる	・本を読んで味わった喜びを伝える ・すきな理由を説明する → 説明，質問というやりとりに慣れる → コミュニケーションを豊かにする

　このように，アニマシオンは，作戦ごとに，**何をするのか，そのことを通してどんなことができるようになるのか**が異なります。アニマシオンは，短い時間でできる作戦もあれば，1時間の授業時間すべてを使う作戦もあります。単元計画を立てるときには，これらが国語の単元のねらいとマッチするのかを検討した上で，並行読書に取り入れるようにしましょう。

並行読書の充実（5）
リテラチャーサークル

リテラチャーサークルも，名前は聞いたことがありますが，体験したことはありません。

1990年代，アメリカで盛んになった読書指導法です。日本では足立幸子氏（新潟大学准教授）が，ハーベイ・ダニエルズ氏の手法をもとに紹介しています。
リテラチャーサークルは，literature（文学），circle（集まり）に由来していることからもわかるように，文学をみんな（グループ）で読むことが前提です。

リテラチャーサークルの手順

①教員がブックトークをした本の中から，子供は読みたい本を**選ぶ**。
②同じ本を選んだ子供同士でグループをつくる。子供は4〜5人で1グループをつくり，役割分担と読むページを**決める**。
③グループのメンバーはそれぞれが異なる役割で，グループで決めた同じ部分を**読む**。
④読んだ後，役割に基づきグループで**話し合う**。
⑤②〜④を繰り返す。
＊事前に，教員は本を用意する。最低，同じ本がグループ分必要となることから，子供が選ぶことを考慮し，グループの数より多めに揃えておく。
＊リテラチャーサークルには，次のような役割がある。役割ごとにメモシートを用意しておく。

イラスト屋	読んで得たイメージを絵にして伝える
質問屋	疑問に思ったことを伝える
段落屋	素晴らしいと思った表現，印象に残ったところを伝える
思い出し屋	本の世界と自分の体験をつなげたことを伝える
ことば屋	お話の中で意味をもっていることばを探して伝える

　なお，リテラチャーサークルは，短い時間ではできません。1時間の授業をすべて使用します。国語において並行読書として取り入れるときには，ねらいとともに，何時間充てるのかを考慮して計画を立てます。

文学を主体的に読むために

　リテラチャーサークルには，文学を主体的に読むための工夫が組み込まれています。
・読む本を子供が選ぶ場を設定する
　「普段なら手に取らない本だけど，みんなと読むならよんでみようかな……」という気持ちを子供に起こさせる。

　　手に取らない本の例　　文字数の多さや文字の小ささ
　　　　　　　　　　　　　挿絵の少なさ
　　　　　　　　　　　　　言動以外の描写
　　　　　　　　　　　　　海外の時代背景を含むもの
　　　　　　　　　　　　　前の時代のもの
　　　　　　　　　　　　　伏線の多さ
　　　　　　　　　　　　　翻訳物　翻訳を読むのが難しい
　　　　　　　　　　　　　表紙の殺風景さ
・教師がブックトークを行い，読みたい気持ちを誘う
・それぞれの子供のよさを認める声かけ，コメント

並行読書の充実（6）
11 教師が行うブックトーク

ブックトークは，本の紹介と似ているように思います。本の紹介と言わずブックトークと言っているのは，どうしてでしょうか。

ブックトークと本の紹介を比較することは，ブックトークの特徴を見える化することに役立ちます。

ブックトークの特徴

　まず，ブックトークには，テーマがあります。例えば，平和，環境，生きる，友達，家族，夏，七夕など，大きなテーマでも，身近なテーマでも構いません。そのときどきの学習内容，子供の実態や関心事などをもとに決めます。テーマをもとに複数冊の本をつなげて紹介するところが，単なる本の紹介と異なります。

　次に，テーマが決まったら，テーマに対して伝えたいことがある本を数冊選びます。本を選ぶときにも，あくまでもテーマがもとになっている点が，心に残ったことをもとに行う本の紹介とは異なります。

　そして，それぞれの本の伝えたいことをつなげて，一つのストーリーをつくります。このとき，もし，当初選んだ本のなかにストーリーにした場合適さないものが出てきた場合は，外します。そうした上で，それぞれの本をどのように紹介するのかを考えます。例えば，全体を要約する，そのまま読む，写真や絵を見せながら説明する，見出しを紹介する，著者を紹介するなど，それぞれの本で伝えたいことをもとに，適切な紹介の仕方を選びます。スト

ーリーがあること，これも単なる本の紹介とは異なる点です。
　このように見ていくと，ブックトークには，複数の本を用いて自分が伝えたいことを組み立てるという，本の紹介では行わない活動が必要になることが大きな特徴であると言えます。

教師が行うブックトーク

　国語の並行読書にブックトークを組み入れるときには，前述した特徴を踏まえる必要があります。並行読書は，子供が行う読書活動ですが，ブックトークは，教師が行うことも，子供が行うこともできます。ブックトークを見たことがない子供が，ブックトークを行うのは容易ではありません。そこで，教員のブックトークは子供が行うときのお手本になります。
　教員が行うブックトークの活用範囲は広く，国語や他の教科での授業時間の導入やまとめのときなどでも行うことができます。もちろん，物語・小説でも，知識の本でも使うことができます。ブックトークを行うときに，簡単なブックトークメモをつくっておくと，ストーリーを作成するときに役立ちます（p.112参照）。

ブックトークメモ			
順序	本のタイトル	伝えたいこと	伝え方

並行読書の充実（7）
子供が行うブックトーク

国語の並行読書として、ブックトークを取り入れてみたくなりました。簡単にはできそうもないのですが、読書に関する視野が広がるように思うからです。子供が行うには、きっと細かなスモールステップが必要ではないかと感じています。どんな手順を示していったらいいのでしょうか。

子供が行うブックトークを国語の並行読書に取り入れるときに留意したいのは、聞き手にとって聴きやすいのは、どういうブックトークなのかを考えることです。
教員が行うときの手順に沿ってブックトークのストーリーができあがったとしても、はじめは自分が話すことに精一杯で聞き手のことまでイメージするゆとりがありません。
そこで、指導計画を立てるときは、聴きやすいブックトークにするためにはどうしたらいいのかを考える時間を設定する必要があります。

聞き手が聴きやすいブックトークを行うには

●指導事例1

　教師が聞き手を無視したよくないブックトークを実際に行い、ワークシートによくない点をメモしていきます。そうした上で、どうすることが聞き手によいブックトークなのかについて、観点と方法を考えていきます。そして、子供自身が最も気をつけたいことを選び、そこを意識してブックトークを行うようにします。

●指導事例2

　友達のブックトークを聴き、読んでみたいと心が動いた本と、どのように紹介してくれたから読みたくなったのかをワークシートの理由の欄にメモし

ておきます。そうした上で，自分がブックトークをするときにまねしてみたいことを選び，そこを意識してブックトークを行います。

聴きやすいブックトークにするために		
年　組　番　（　　　　　　　　　）		
観　点	よいブックトーク	よくないブックトーク

友達のブックトークを聞いて　読みたくなった本とその理由をメモしておこう！

年　組　番　（　　　　　　　　　）		
読みたくなった本	理　由	紹介者

教師によるブックトークの板書例

並行読書の充実（8）
ビブリオバトル

最近，ビブリオバトルという言葉をよく聞きます。バトルという言葉がついているということは，ゲームでしょうか？

ビブリオバトルは，谷口忠大氏によって考案された，「知的書評合戦」と呼ばれる読書会です。公式ウェブサイトがあり，本も出版されています。

ビブリオバトル公式ルール

①発表参加者が読んでおもしろいと思った本を持って集まる。
②順番に一人5分間で本を紹介する。
③それぞれの発表の後に参加者全員でその発表に関するディスカッションを2〜3分行う。
④全ての発表が終了した後に「どの本が一番読みたくなったか？」を基準とした投票を参加者全員一票で行い，最多票を集めたものを『チャンプ本』とする。

ビブリオバトルを授業で行うときの留意点

●バトルについて

　ビブリオバトルは，「サッカーしよう！」「カフェでおしゃべりしよう！」「ビブリオバトルをしよう！」という感覚で，「純粋に楽しむ」イメージが根幹にあります。バトルですから，勝ち負けがあります。お勧めの本を紹介し

てバトルに負けることが起きます。勝ち負けをどうとらえるかを子どもに伝えるときは，休み時間のサッカーをするときも当然勝ち負けがあるように，「勝ったり負けたりする，だから，またできる」という休み時間の遊びをイメージするとよいでしょう。

●選ぶ基準と投票結果の発表について
　投票の基準は，「今一番読みたくなった本」であることを，確認します。チャンプ本のみ発表します。2位以下は発表しません。

●授業でのビブリオバトルの取り入れ方
例1）グループごとにビブリオバトルを行い，チャンプ本を決める方法
例2）グループでチャンプ本を決めてから，グループの代表によるビブリオバトルを行って全体のチャンプ本を決める方法

●並行読書としてのビブリオバトル
　純粋に読書を楽しむことがビブリオバトルの本来の目的ですので，国語の並行読書として行うときには，学習のねらいに対して，どういう位置づけの活動なのかを検討しておきます。
　単元の学習の発展として，読書の範囲を広げたいのか，日常生活への読書を進めたいのかなどを，吟味しておくことが大切です。

＊ビブリオバトルについてもっと知りたいときに
・谷口忠大著（2013），『ビブリオバトル　本を知り人を知る書評ゲーム』文藝春秋
・谷口忠大監修，粕谷亮美 文，しもつきみずほ 絵（2014）『ビブリオバトルを楽しもう　ゲームで広がる読書の輪』さ・え・ら書房
・『知的書評合戦　ビブリオバトル公式ウェブサイト』
　公式ルールや実践事例なども紹介されています。

コラム

ブックトークした本のリスト作成

ブックトークした本をリスト化しておくと，次年度からテーマごとの本の準備が容易になります。テーマを追加したり，必要な本を追加購入したりするときにも役立ちます。

蓄積された「テーマと本」をもとに誰でもブックトークができます。エクセルで作成した表の例を以下に示しましたので，参考にしてください。

5年	随筆を読む楽しさ	子供向けの随筆集は少ないですが，さくらももこさんの小学校時代が綴られた『まる子だった』は楽しく読めます。『トラちゃん』に出てくる家族とペットのやりとりも笑えます。	ももこのいきもの図鑑	さくらももこ
			まる子だった	さくらももこ
			トラちゃん	群ようこ
			春はあけぼの	清少納言
	生き方をさぐる	伝記を読む導入として紹介します。星野富弘さんはぜひ知ってほしい一人です。289の個人伝記にある偉人ばかりでなく，916のノンフィクションに登場する，何かをやり遂げた人でもよいと思います。	化石をみつけた少女	C・ブライトン
			ジェドおじさんはとこやさん	マーガリー・キング・ミッチェル
			かぎりなくやさしい花々	星野富弘
			未来のきみが待つ場所へ	宮本延春
	椋鳩十の動物文学	「大造じいさんとがん」の学習前後に。片耳の大シカの雄々しい生き方は「残雪」の生き方にも重なって，椋文学をさらに深く理解できることでしょう。彼のエッセーにもよく表れています。国は違いますが，シートンの文学からも読み取れます。表現を比べるのもおもしろい。	片耳の大シカ	椋鳩十
			マヤの一生	〃
			夕やけ色のさようなら	〃
			レイザーバック・フォーミィ	シートン

4章 知っておくと便利なあれこれ

　この章では，司書教諭が仕事を進めていく上で，「知っておくと便利」ということを，まとめてみました。

①司書教諭と学校司書の役割分担
　役割分担を相談するときに，職務の全体像が見えるこの表が役立ちます。

②日本十進分類表
　ある本の分類記号を判断するときに，第二区分，第三区分まで知る必要があります。そのときに，この表が役立ちます。

③学校図書館法
　昭和28年議員立法により成立しました。
　その後，数回に渡り改正され，現在に至ります。

④学校図書館図書廃棄規準
　全国学校図書館協議会が制定しました。
　本を廃棄するときには，この規準が判断材料になります。

司書教諭と学校司書の役割分担

　司書教諭と学校司書の役割分担を年度当初に確認しておくことは，その後の仕事を進める上で，欠かせないことです。きれいに分担できる仕事内容もありますが，分担することが難しいものもあります。
　役割分担表は，役割分担をしにくい仕事内容を確認するときに役立ちます。
　役割分担表の事例を紹介するとともに，役割分担作成手順を示しておきます。

役割分担作成手順

①司書教諭は，仕事内容を，総括的な業務，整理的な業務，奉仕的な業務，教育指導的な業務の四つに分け，主な時期，内容を書き出します。
②司書教諭が役割分担表の担当の案を作ります。
③役割分担表の案をもとに，学校司書と仕事を確認しながら分担を確認します。
④司書教諭と学校司書双方がかかわる仕事内容については，仕事内容を細分化すると，役割分担を決めやすくなります。

＊分担がうまくいかなかったときは，この表に戻り，分担を変えるようにします。
＊仕事の追加，削減についても，その都度表を確認し，修正します。

小中学校　学校図書館業務分担表（筆者作成）

区分	内容	司書教諭	学校司書
総括的な業務	1）計画・運用・評価に関する業務		
	・校長への連絡・報告・相談	○	
	・事業計画の立案・提案・運用・評価	○	
	・カリキュラム作成・提案・運用・評価	○	
	2）予算に関する業務		
	・予算案の作成・執行	○	
	3）連携に関する業務		
	・公共図書館との連携	○	
	・中学校区内の学校との連携	○	
	・地域のボランティアとの連携	○	
	・地域の学校図書館部との連携	○	
	・大学との連携	○	
	4）その他の業務		
	・業務マニュアルの作成・更新	○	
	・利用者用図書館使用マニュアルの作成・更新	○	
	・学校図書館内配置図の作成（館内用・配布用）・更新	○	
	・備品の管理	○	
	・各種調査，アンケートへの回答	○	
整理的な業務	1）図書業務		
	・選書	○	
	・NDC分類と記号の決定	○	
	・図書の発注・データ格納（marc）・配架		○
	・追加件名の選定	○	
	・件名の追加		○
	・除却タイトルの選定	○	
	・リタイア作業		○
	・寄贈図書の受入・登録・装備・配架		○
	・学級への配架図書の選定	○	
	・学級文庫への配架		○
	2）逐次刊行物に関する業務		
	・選択	○	
	・契約・データ格納・配架		○
	・新聞の管理		○
	3）AV資料に関する業務		
	・AV資料の選択	○	
	・データ格納・配架		○
	・児童生徒の作品の保存・整理・展示・紹介		○
	4）ファイル資料に関する業務		
	・地域資料の収集	○	
	・ファイル資料の作成（地域資料）・保存・整理		○
	・ファイル資料の作成（新聞と雑誌）・保存・整理		○
	5）その他の資料に関する業務		
	・その他の資料の整理		○
奉仕的な業務（閲覧業務）	1）開館・閉館業務		
	・開館（月～金）		○
	・閉館（月～金）		○
	2）利用者対応業務		
	・書架の整理		○
	・館内清掃		○
	・入館退館管理		○
	・貸出手続き　貸出延長手続き　返却手続き		○
	・督促		○
	・データベース資料の利用指導補助		○
	・学習に対応した掲示物の作成		○
	・季節やテーマに対応した掲示物の作成		○
	・新刊図書や推薦図書の展示		○
	・図書館使用授業の調整	○	
	・リクエストへの対応	○	

区分	業務		
奉仕的な業務 （閲覧業務）	・蔵書点検		○
	・利用統計		○
	・児童生徒用バーコード作成		○
	・館内機器の点検		○
	・本の修理		○
	・遺失物の管理		○
	3）レファレンス業務		
	・児童生徒への対応	○	
	・児童生徒への対応補助		○
	・教員への資料提供		○
	・パスファインダー作成の計画立案	○	
	・パスファインダー作成の計画立案補助		○
	・パスファインダーの作成		○
	・パスファインダーの活用支援（個別対応）		○
	・検索シソーラスの充実		○
	・別置（特設コーナー）の計画	○	
	・別置（特設コーナー）の計画補助		○
	・別置（特設コーナー）の作成		○
	・データベースの管理		○
	4）発信業務		
	・図書館 Web ページでの新着紹介		○
	・図書館 Web ページの更新		○
	・図書館だよりの発行	○	
教育指導的な 業務	1）図書館利用に関する業務		
	・年度当初のガイダンス	○	
	・年度当初のガイダンス補助		○
	・利用案内などのワークシート・冊子の作成	○	
	・利用案内などのワークシート・冊子の作成補助		○
	2）読書活動に関する業務		
	・読書指導年間計画の立案	○	
	・モジュール（読書タイム）の年間計画の立案	○	
	・モジュール（読書タイム）の実施	○	
	・モジュール（読書タイム）の補助		○
	・読書指導の実施	○	
	・読書指導の補助		○
	・推薦図書の選書（学年別）	○	
	・推薦図書のリスト作成		○
	・外部委託の行事の計画と実施（講演会・実演会など）	○	
	・外部委託の行事の計画と実施（講演会・実演会など）の補助		○
	・読書ノートの作成と点検	○	
	・図書館行事の実施（読書週間など）	○	
	・図書館行事の実施（読書週間など）の補助		○
	3）情報・メディアの活用に関する業務		
	・各教科等における図書館を活用する授業の年間計画の立案	○	
	・情報メディアの活用技能の習得に関する計画の立案	○	
	・図書館を使った授業の実施	○	
	・情報メディアの活用技能の習得に関する指導	○	
	・引用カード・要約カードの作成・指導	○	
	・引用カード・要約カードの補充・活用支援		○
	・レポートや論文などの点検・評価	○	
	・児童生徒の情報メディアの活用技能の習得に関する調査用紙の作成	○	
	・児童生徒の情報メディアの活用技能の習得に関する調査の実施	○	
	・教科担任・学級担任との授業の打ち合わせ	○	
	4）委員会活動に関する業務		
	・図書委員会の児童の指導	○	

＊上記の表は，一例です。学校の状況，司書教諭や学校司書の勤務形態により，業務の内容や分担は異なります。
年度当初に，業務を確認したり，分担したりするときに，利用してください。

日本十進分類法

もり・きよし原編　日本図書館協会分類委員会改訂　2014

第1次区分表（類目表）

0類　総記
　　（情報学，図書館，図書，百科事典，一般論文集，逐次刊行物，団体，ジャーナリズム，叢書）

1類　哲学
　　（哲学，心理学，倫理学，宗教）

2類　歴史
　　（歴史，伝記，地理）

3類　社会科学
　　（政治，法律，経済，統計，社会，教育，風俗習慣，国防）

4類　自然科学
　　（数学，理学，医学）

5類　技術
　　（工学，工業，家政学）

6類　産業
　　（農林水産業，商業，運輸，通信）

7類　芸術
　　（美術，音楽，演劇，スポーツ，諸芸，娯楽）

8類　言語

9類　文学

第2次区分表（綱目表）

```
00 総記
01   図書館. 図書館情報学
02   図書. 書誌学
03   百科事典. 用語索引
04   一般論文集. 一般講演集. 雑著
05   逐次刊行物. 一般年鑑
06   団体. 博物館
07   ジャーナリズム. 新聞
08   叢書. 全集. 選集
09   貴重書. 郷土資料. その他の特別コレクション

10 哲学
11   哲学各論
12   東洋思想
13   西洋哲学
14   心理学
15   倫理学. 道徳
16 宗教
17   神道
18   仏教
19   キリスト教. ユダヤ教

20 歴史. 世界史. 文化史
21   日本史
22   アジア史. 東洋史
23   ヨーロッパ史. 西洋史
24   アフリカ史
25   北アメリカ史
26   南アメリカ史
27   オセアニア史. 両極地方史
28   伝記
29   地理. 地誌. 紀行

30 社会科学
31   政治
32   法律
33   経済
34   財政
35   統計
36   社会
37   教育
38   風俗習慣. 民俗学. 民族学
39   国防. 軍事

40 自然科学
41   数学
42   物理学
43   化学
44   天文学. 宇宙科学
45   地球科学. 地学
46   生物科学. 一般生物学
47      植物学
48      動物学
49 医学. 薬学
```

```
50 技術. 工学
51   建設工学. 土木工学
52   建築学
53   機械工学. 原子力工学
54   電気工学
55   海洋工学. 船舶工学. 兵器. 軍事工学
56   金属工学. 鉱山工学
57   化学工業
58   製造工業
59   家政学. 生活科学

60 産業
61   農業
62   園芸. 造園
63   蚕糸業
64   畜産業. 獣医学
65   林業. 狩猟
66   水産業
67   商業
68   運輸. 交通. 観光事業
69   通信事業

70 芸術. 美術
71   彫刻. オブジェ
72   絵画. 書. 書道
73   版画. 印章. 篆刻. 印譜
74   写真. 印刷
75   工芸
76   音楽. 舞踊. バレエ
77   演劇. 映画. 大衆芸能
78   スポーツ. 体育
79   諸芸. 娯楽

80 言語
81   日本語
82   中国語. その他の東洋の諸言語
83   英語
84   ドイツ語. その他のゲルマン諸語
85   フランス語. プロバンス語
86   スペイン語. ポルトガル語
87   イタリア語. その他のロマンス諸語
88   ロシア語. その他のスラブ諸語
89   その他の諸言語

90 文学
91   日本文学
92   中国文学. その他の東洋文学
93   英米文学
94   ドイツ文学. その他のゲルマン文学
95   フランス文学. プロバンス文学
96   スペイン文学. ポルトガル文学
97   イタリア文学. その他のロマンス文学
98   ロシア・ソビエト文学. その他のスラブ文学
99   その他の諸言語文学
```

学校図書館法

学校図書館法（昭和二十八年八月八日法律第百八十五号）
最終改正：平成二七年六月二四日法律第四六号

（この法律の目的）
第一条　この法律は，学校図書館が，学校教育において欠くことのできない基礎的な設備であることにかんがみ，その健全な発達を図り，もつて学校教育を充実することを目的とする。

（定義）
第二条　この法律において「学校図書館」とは，小学校（義務教育学校の前期課程及び特別支援学校の小学部を含む。），中学校（義務教育学校の後期課程，中等教育学校の前期課程及び特別支援学校の中学部を含む。）及び高等学校（中等教育学校の後期課程及び特別支援学校の高等部を含む。）（以下「学校」という。）において，図書，視覚聴覚教育の資料その他学校教育に必要な資料（以下「図書館資料」という。）を収集し，整理し，及び保存し，これを児童又は生徒及び教員の利用に供することによつて，学校の教育課程の展開に寄与するとともに，児童又は生徒の健全な教養を育成することを目的として設けられる学校の設備をいう。

（設置義務）
第三条　学校には，学校図書館を設けなければならない。

（学校図書館の運営）
第四条　学校は，おおむね左の各号に掲げるような方法によつて，学校図書館を児童又は生徒及び教員の利用に供するものとする。
一　図書館資料を収集し，児童又は生徒及び教員の利用に供すること。
二　図書館資料の分類排列を適切にし，及びその目録を整備すること。

三 読書会，研究会，鑑賞会，映写会，資料展示会等を行うこと。
四 図書館資料の利用その他学校図書館の利用に関し，児童又は生徒に対し指導を行うこと。
五 他の学校の学校図書館，図書館，博物館，公民館等と緊密に連絡し，及び協力すること。
2 学校図書館は，その目的を達成するのに支障のない限度において，一般公衆に利用させることができる。

(司書教諭)
第五条 学校には，学校図書館の専門的職務を掌らせるため，司書教諭を置かなければならない。
2 前項の司書教諭は，主幹教諭（養護又は栄養の指導及び管理をつかさどる主幹教諭を除く。），指導教諭又は教諭（以下この項において「主幹教諭等」という。）をもつて充てる。この場合において，当該主幹教諭等は，司書教諭の講習を修了した者でなければならない。
3 前項に規定する司書教諭の講習は，大学その他の教育機関が文部科学大臣の委嘱を受けて行う。
4 前項に規定するものを除くほか，司書教諭の講習に関し，履修すべき科目及び単位その他必要な事項は，文部科学省令で定める。

(学校司書)
第六条 学校には，前条第一項の司書教諭のほか，学校図書館の運営の改善及び向上を図り，児童又は生徒及び教員による学校図書館の利用の一層の促進に資するため，専ら学校図書館の職務に従事する職員（次項において「学校司書」という。）を置くよう努めなければならない。
2 国及び地方公共団体は，学校司書の資質の向上を図るため，研修の実施その他の必要な措置を講ずるよう努めなければならない。

(設置者の任務)
第七条 学校の設置者は，この法律の目的が十分に達成されるようその設置する学校の学校図書館を整備し，及び充実を図ることに努めなければならない。

(国の任務)
第八条 国は，第六条第二項に規定するもののほか，学校図書館を整備し，及びその充実を図るため，次の各号に掲げる事項の実施に努めなければならない。
一 学校図書館の整備及び充実並びに司書教諭の養成に関する総合的計画を樹立すること。
二 学校図書館の設置及び運営に関し，専門的，技術的な指導及び勧告を与えること。

三 前二号に掲げるもののほか，学校図書館の整備及び充実のため必要と認められる措置を講ずること。

附則抄

（施行期日）

1 この法律は，昭和二十九年四月一日から施行する。

（司書教諭の設置の特例）

2 学校には，平成十五年三月三十一日までの間（政令で定める規模以下の学校にあつては，当分の間），第五条第一項の規定にかかわらず，司書教諭を置かないことができる。

附　則（昭和三三年五月六日法律第一三六号）抄

1 この法律は，公布の日から施行し，昭和三三年四月一日から適用する。

附　則（昭和四一年六月三〇日法律第九八号）抄

（施行期日）

1 この法律は，昭和四一年七月一日から施行する。

附　則（平成九年六月一一日法律第七六号）

この法律は，公布の日から施行する。

附　則（平成一〇年六月一二日法律第一〇一号）抄

（施行期日）

第一条 この法律は，平成十一年四月一日から施行する。

附　則（平成一一年一二月二二日法律第一六〇号）抄

（施行期日）

第一条 この法律（第二条及び第三条を除く。）は，平成十三年一月六日から施行する。

附　則（平成一三年三月三〇日法律第九号）抄

（施行期日）

第一条 この法律は，公布の日から施行する。

附　則（平成一五年七月一六日法律第一一七号）抄

（施行期日）

第一条 この法律は，平成十六年四月一日から施行する。

（罰則に関する経過措置）

第七条　この法律の施行前にした行為及びこの附則の規定によりなお従前の例によることとされる場合におけるこの法律の施行後にした行為に対する罰則の適用については，なお従前の例による。

（その他の経過措置の政令への委任）

第八条　附則第二条から前条までに定めるもののほか，この法律の施行に関し必要な経過措置は，政令で定める。

附　則（平成一八年六月二一日法律第八〇号）抄

（施行期日）

第一条　この法律は，平成十九年四月一日から施行する。

附　則（平成一九年六月二七日法律第九六号）抄

（施行期日）

第一条　この法律は，公布の日から起算して六月を超えない範囲内において政令で定める日から施行する。ただし，次の各号に掲げる規定は，当該各号に定める日から施行する。

一　第二条から第十四条まで及び附則第五十条の規定　平成二十年四月一日

附　則（平成二六年六月二七日法律第九三号）

（施行期日）

1　この法律は，平成二十七年四月一日から施行する。

（検討）

2　国は，学校司書（この法律による改正後の学校図書館法（以下この項において「新法」という。）第六条第一項に規定する学校司書をいう。以下この項において同じ。）の職務の内容が専門的知識及び技能を必要とするものであることに鑑み，この法律の施行後速やかに，新法の施行の状況等を勘案し，学校司書としての資格の在り方，その養成の在り方等について検討を行い，その結果に基づいて必要な措置を講ずるものとする。

附　則（平成二七年六月二四日法律第四六号）抄

（施行期日）

第一条　この法律は，平成二八年四月一日から施行する。

学校図書館図書廃棄規準
1993年1月15日制定 全国学校図書館協議会

全国学校図書館協議会のHPより引用

　学校図書館の設置目的は，教育課程の展開に寄与するとともに，児童生徒の健全な教養を育成することにある。この目的を達成するためには，児童生徒および教員の利用に役立つ適切な図書館資料を質量ともに整備しておかなければならない。学校図書館の資料は図書資料をはじめ多種多様な資料群にわたるが，とりわけ図書資料は資料群の中核を成すものである。したがって，学校図書館では，利用者の立場に立って適切で優れた図書の選択収集に努め，かつ常に蔵書の更新を行う必要がある。また，蔵書の管理には一貫性と統一性が保たれなければならない。蔵書の点検評価に伴い図書を廃棄する場合には，個人的な見解によることなく客観性のある成文化した規準にもとづき行わなければならない。

　この規準は，学校図書館において蔵書を点検評価し廃棄を行う場合の拠りどころを定めたものである。

I　一般規準
次の各項のいずれかに該当する図書は廃棄の対象とする。

1. 形態的にはまだ使用に耐えうるが，記述されている内容・資料・表記等が古くなり利用価値の失われた図書。
2. 新しい学説や理論が採用されていない図書で，史的資料としても利用価値の失われた図書。
3. 刊行後時間の経過とともにカラー図版資料の変色が著しいため，誤った情報を提供することが明白になった図書。
4. 利用頻度の著しく低い複本で保存分を除いた図書。

II　種別規準
次の種別に属する図書は，一般規準に加えてそれぞれの種別ごとの各項に該当する場合，廃棄

の対象とする。

1. 百科事典・専門事典
　　1）刊行後10年を経ているもので，補遺が刊行されていない図書。
2. ハンドブック・要覧
　　1）新版が刊行され利用価値の失われた旧版図書。
3. 伝記
　　1）新資料の発見等により被伝者について評価が著しく変わった図書。
4. 地図帳
　　1）刊行後5年を経ているもので，記載地名等に変化が生じた図書。
　　2）歴史地図帳は，刊行後10年を経ているもので，歴史学研究の成果がとりいれられていない図書。
5. 旅行案内書
　　1）刊行後3年を経ているもので，現状にそぐわなくなった図書。
6. 地誌
　　1）刊行後5年を経ているもので，現状にそぐわなくなった図書。
7. 法律書・法令書
　　1）刊行後3年を経ているもので，主要な法律・法令の改正により現状にそぐわなくなった図書。
8. 人権関係書
　　1）記述内容に人権擁護上問題であることが明らかとなった図書。
9. 政党関係書
　　1）刊行後3年を経ているもので，政党の現状を理解するのにそぐわなくなった図書。
10. 時事問題関係書
　　1）刊行後3年を経ているもので，現状にそぐわなくなった図書。
11. 学習参考書
　　1）刊行後3年を経ているもので，学習の現状にそぐわなくなった図書。
　　2）「学習指導要領」準拠図書で，「学習指導要領」の改訂により学習事項やその取り扱いが変わった図書。

12. 就職・受験内容書
   1）刊行後2年を経ているもので，現状にそぐわなくなった図書。
13. 技術書・実験書
   1）刊行後3年を経ているもので，技術・実験についての説明が古くなった図書。
   2）記述内容に安全上問題であることが明らかとなった図書。
14. 公害・環境問題関係書
   1）刊行後5年を経ているもので，最近の研究成果がとりいれられていない図書。
15. 料理・服飾関係書
   1）刊行後3年を経ているもので，新しい素材・技術・デザイン・流行等がとりいれられていない図書。
16. スポーツ関係書
   1）刊行後5年を経ているもので，新しい種目・ルール・技術・用具等がとりいれられていない図書。
17. 辞典
   1）語義・語源・用例等の記述に重大な誤りが発見された図書。
18. 翻訳書・翻案書・抄訳書
   1）刊行後に優れた翻訳書が出版された場合の旧翻訳書。
   2）より完全な翻訳書が出版された場合の旧翻案書・旧抄訳書。

Ⅲ　廃棄の対象としない図書

次の図書は原則として廃棄の対象としない。
   1）年鑑　2）白書　3）郷土資料　4）貴重書

《運用上の留意事項》

Ⅰ　図書の廃棄にあたっては，校内に「図書廃棄委員会」を設置し組織的に対処する。各教科担当教員の協力を求めるなどして，廃棄図書リストを作成して検討するなど慎重に行うことが望ましい。

Ⅱ　備品図書の廃棄は，学校設置者が定める条例・規則等にしたがって行う。

参考文献

【1章　司書教諭の仕事12ヶ月－見通をもって取り組むために－】
- 図書館教育研究会著（2006）『新学校図書館通論 改訂版』学芸図書
- 根本彰監修 堀川照代・中村百合子編著（2003）『インターネット時代の学校図書館』東京電機大学出版局

【2章　学校図書館の環境整備－情報収集しやすい図書館をつくるために－】
- 堀川照代・塩谷京子著（2016）『改訂新版　学習指導と学校図書館』放送大学教育振興会
- 塩谷京子著（2016）『すぐ実践できる情報スキル50 学校図書館を活用して育む基礎力』ミネルヴァ書房
- 茂木健一郎（2016）『最高の結果を引き出す質問力』河出書房
- ダン・ロスステイン＆ルース・サンタナ著 吉田新一郎訳（2015）『たった一つを変えるだけ クラスも教師も自立する「質問づくり」』新評論
- 塩谷京子著（2014）「探究的な学習を支える情報活用スキル－つかむ・さがす・えらぶ・まとめる」全国学校図書館協議会
- 赤木かん子著（2012）『先生のための百科事典ノート』ポプラ社

【3章　読書の場としての図書館づくり－読書活動の充実のために－】
- 毎日新聞社編（2016）『2016年版 読書世論調査 第69回読書世論調査 第61回学校読書調査』毎日新聞社
- 立田慶裕編著（2015）『読書教育の方法－学校図書館の活用に向けて』学文社
- 谷口忠大監修・粕谷亮美文・しもつきみずほ絵（2014）『ビブリオバトルを楽しもう　ゲームで広がる読書の輪』さ・え・ら書房
- 谷口忠大著（2013）『ビブリオバトル 本を知り人を知る書評ゲーム』文藝春秋
- 高桑弥須子著（2011）『学校ブックトーク入門』教文館
- 泰羅雅登著（2009）『読み聞かせは心の脳に届く』くもん出版
- 足立幸子著（2005）『特集 読書活動と学校：今，学校での読書を考える：米国の読書活動』日本語学 24：156-165
- 足立幸子著（2004）『リテラチャー・サークル：アメリカの小学校のディスカッション・グループによる読書指導方法』山形大学教育実践研究 13：9-18
- M・Mサルト著　宇野和美訳　カルメン・オンドサバル＋新田恵子監修（2001）『読書へのアニマシオン75の作戦』柏書房

【4章　知っておくと便利なあれこれ】
- 日本図書館研究会編（2015）『図書館資料の目録と分類 増訂第5版』日本図書館研究会

索引

ICT 環境・ICT 機器　11，73
朝読書　35，41，43，45，87，92，93，94，96
アニマシオン　89，102，103
委員会活動　28，29，34，35，42
お話動物園　98
オリエンテーション　18,20,21,22,24,59

学校図書館図書廃棄基準　113，123
学校図書館の約束　18，20
学校図書館法　2，113，119
計画立案　12，42

サイン　56，57，61
実物投影機　11，78
授業支援　12，55
情報カード　11，68，69，70，73，77
シンキングツール　11，75，76，77
新聞・新聞記事　11，30，38，39，51，66，80，81，87，90，91，92
成果と課題　13，40，43，52，
請求記号　56，57，60，61，73，75
背・つめ・柱　64，65，66
全体計画　13，34，52
蔵書点検　52，53

電子黒板　11
登場人物図鑑　89，100，101
図書委員会　28，29，35，37，41，42，43，45，51
図書館行事　13，14，28，29，34，39，40，42
図書館クイズ　21
図書館資料　10，13，38，55，57，72，73，77，119，123
図書館だより　32，33，43，44，45
図書館の地図　56，57
図書の購入　30

日本十進分類法（NDC）
57，59，89，113，117
年鑑　11，31，66，67，68，72，125
年間計画　12，13，24，25，26，91

ファイル資料　11，39，57，72，78，79
ブックトーク　21，89，104，105，106，107，108，109
引き継ぎ・引き継ぎ文書　12，13，24，52
ビブリオバトル　29，41，45，89，110，111
並行読書　88，89，94，96，98，101，103，105，107，108，110，111
別置　89

目次・索引　21，25，55，62，63，64，65，66，75，86

百科事典　11，21，31，64，65，66，67，68，72，73

読み聞かせ　20，29，49，50，73，89，90，96，97，100

リテラチャーサークル　89，104，105

127

【著者紹介】
塩谷　京子（しおや　きょうこ）
静岡市に生まれる。静岡大学教育学部卒業，静岡大学大学院情報学研究科前期博士課程修了，関西大学大学院総合情報学研究科後期博士課程修了，博士（情報学）
静岡市小学校教諭・司書教諭，関西大学初等部（中高等部兼務）教諭・司書教諭を経て，現在，放送大学客員准教授，関西大学文学部非常勤講師。
専攻は，教育工学，図書館情報学，学校図書館論。
主な著書に，
『すぐ実践できる情報スキル50』ミネルヴァ書房　単著（2016）
『改訂新版　学習指導と学校図書館』放送大学教育振興会　共著（2016）
『はじめよう学校図書館　探究的な学習を支える情報活用スキル』全国学校図書館協議会　単著（2014）
『司書教諭が伝える言語活動と探究的な学習の授業デザイン』三省堂　共著（2013）
『10分で読める伝記』学年別全6巻・テーマ別全6巻　学研教育出版　監修（2011/2015）
『本をもっと楽しむ本―読みたい本を見つける図鑑―』全4巻監修　学研教育出版（2010）
『しらべる力をそだてる授業！』ポプラ社　共著（2007）

司書教諭の実務マニュアル
シオヤ先生の仕事術

2017年3月初版第1刷刊	©著　者	塩　谷　京　子
2021年7月初版第4刷刊	発行者	藤　原　光　政
	発行所	明治図書出版株式会社

http://www.meijitosho.co.jp
（企画・校正）茅野　現
〒114-0023　東京都北区滝野川7-46-1
振替00160-5-151318　電話03(5907)6701
ご注文窓口　電話03(5907)6668

＊検印省略　　組版所　株式会社明昌堂

本書の無断コピーは，著作権・出版権にふれます。ご注意ください。

Printed in Japan　　　ISBN978-4-18-198018-4
もれなくクーポンがもらえる！読者アンケートはこちらから →